名师名校名校长

凝聚名师共识
回应名师关怀
打造名师品牌
培育名师群体

顾明远

名师名校名校长书系

读写探道

蔡尉洁——主编

吉林人民出版社

图书在版编目（CIP）数据

读写探道 / 蔡尉洁主编. — 长春：吉林人民出版
社，2019.7
ISBN 978-7-206-16209-1

Ⅰ.①读… Ⅱ.①蔡… Ⅲ.①中学语文课—教学研究
—初中—文集 Ⅳ.①G633.302-53

中国版本图书馆CIP数据核字（2019）第164929号

读写探道
DUXIETANDAO

主　　编：蔡尉洁　　　　　　封面设计：姜　龙
责任编辑：葛　琳
助理编辑：王璐瑶
吉林人民出版社出版发行（长春市人民大街7548号　　邮政编码：130022）
印　　刷：北京虎彩文化传播有限公司
开　　本：787mm×1092mm　　1/16
印　　张：17.25　　　　　字　　数：311千字
标准书号：ISBN 978-7-206-16209-1
版　　次：2022年6月第1版　　印　　次：2022年6月第1次印刷
定　　价：45.00元

如发现印装质量问题，影响阅读，请与出版社联系调换。

编 委 会

主　编：蔡尉洁

副主编：郑绮瑜　陈少端　郭　嘉　朱小敏　吴彦卓

编　委：陈倬莹　陈少玉　陈婕玲　陈煜伟　陈丽霞

蔡树升　方　敏　黄春馥　黄澄纯　黄琳瑛

何益秀　胡丽珠　刘秀萍　刘少美　刘　佳

李丹霞　李瑞珊　李开杰　李开娴　罗纯芝

林奕嘉　林晓璇　林　郁　林文婷　林佳玫

彭云芝　苏丹丹　吴锡钦　谢丽如　余立棣

郑鸿涛　郑洁星　郑敏欣

序 言

　　随着《新课程》的实施和初中部编语文教材的全面使用，新的困惑接踵而至，新的问题层出不穷。作为一线的初中语文教师，也许你正为新背景下的作文教学和文本阅读教学而苦恼，也许你正苦苦寻求名师的指点，也许你正在寻找有共同追求的伙伴携手同行……轻轻翻开扉页，细细地品读，在熟悉的地方，你会发现新的风景：这里，有一群怀揣共同教育理想的教学骨干；这里，有修心开智、知行合一的团队——广东省蔡尉洁名师工作室和汕头市金平区初中语文学科工作室；这里，有一堂堂精心设计的"写作微课堂"与你分享；这里，有一篇篇"课文个性解读"与你共读。

　　广东省蔡尉洁名师工作室和汕头市金平区初中语文学科工作室自成立以来，沐浴着素质教育的阳光，植根于新课程改革的沃土，如春风化雨，新苗拔节，硕果累累。老师们精心撰写的《读写探道》结集成册了，翻阅书页，心中欣喜油然而生：题目别出心裁，和弦合韵。上篇"写作微课堂"内容解说明晰，例文剖析、批注评点相得益彰；从作文选材、立意、构思、语言等不同角度设计，组成了一支优美的交响曲。下篇"课文个性解读"，笔者从丰富多彩的人生阅历和一线的教学经验中获得"独特的人生感悟"，以肺腑间流淌出的文字引领读者从表层到深层进行探究，去"还原"原生的形态，去把握文章的"意脉"，去比较不同历史语境中形象的差异，从而获得阅读主体、文本主体及作者主体的同化和调节，实现了与文本的深度对话。

　　细细品味这些文章，我仿佛目睹了老师们的无私付出，默默回首往事，工作室成立之初秉承的宗旨——"大道无痕，行者无疆"，我明悟了老师们"修心开智，知行合一"的求索，触摸到老师们践行的心路……

　　在纷纷扬扬的名利场上，有多少人困惑，多少人迷路，多少人跌倒……但在广东省蔡尉洁名师工作室和汕头市金平区初中语文学科工作室这群充满激情、敢于追求的老师身上，我感受到一种激情的涌动，一种活力的迸发和一种

敢为人先的勇气，他们发挥的是示范和带动作用，传递的是一种"锐意进取、勇于探索、求实创新"的理念。

《读写探道》的面世，是"合作共生、共创共享"的成果，背后凝结的是广东省、汕头市、金平区三级教育部门领导的大力支持，主持人蔡尉洁老师、郑绮瑜老师的无私奉献以及其他老师们的辛勤付出。

我坚信，在教育教研这片热土上，老师们一定能继续耕耘，孜孜不倦，探索出新课程新问题下语文教学的有效策略，期待老师们教出个性，创出自己的风格！祝愿我们祖国的教育事业蒸蒸日上，花繁叶茂！

林燕紫

原汕头市金平区教育局教研员

目 录

谈语言技巧

下篇
课文个性解读

馨香盈怀袖——人世真情篇

弹筝奋逸响——生活感悟篇

写作微课堂

谈选材立意

（插图：曾广琪老师美术工作室）

2

凝视好风景，探寻美世界

汕头市聿怀初级中学　蔡尉洁

　　《从百草园到三味书屋》有一个很有意思的开头："其中似乎确凿只有一些野草，但那时却是我的乐园。"这句话包含了两种眼光，一种是用成人的眼光来看的——"确凿只有"断定其中不会有什么动人之处；另一种却是用孩子的眼光来打量——"似乎"表示"从表面看是如此，而实际上并不如此，或不仅如此"，这里有作者童年的自由和欢乐。

　　作家曹文轩告诉我们："这个世界脾气特别古怪，你必须凝视它，它才会把大门打开，让你看到它里头的风景。如果你不凝视它，它的大门就永远是紧闭着的，你什么也看不见。……请记住这句话：'未经凝视的世界是毫无意义的。'"

　　同学们提起笔来，常常抱怨没有事情可写，仿佛自己的生活是一片荒原，"只有一些野草"。但如果你也能像小时候的鲁迅一样不仅仅是扫视，而是去凝视这个世界呢！你想想，这个世界在你脑海里会是多么的丰富！不信？让我们一起看一下沈煦晴同学眼中的校园吧！

风景这边独好

汕头市聿怀初级中学　沈煦晴

　　"风景这边独好"提及这一句话，相信人们脑海中会浮现出很多场景，但在我的记忆中，能成功和这句话对上号的，就只有——我们聿怀初级中学的操场啦！（同学们每天生活在其中，往往对操场熟视无睹。可作者却说"风景这边独好"，好在哪里呢？）

　　朦胧的早晨，些许雾气还缭绕在操场上，一切事物都还在沉睡，一声清脆的鸟啼响起，打破了寂静，阳光轻轻拨开迷雾，均匀地洒在操场上，给予它们无尽的活力和关怀，学生们也踏着上学铃，来到了学校。升旗了，一个个学

生面带微笑，排成整齐的队伍站在操场上，国旗缓缓升起，给操场平添了一分肃穆。它静默着，连往日操场上调皮的小草也不摇头晃脑地胡闹了，大家安静地凝视着国旗，以示对祖国崇高的敬意。

明媚的午后，阳光炙热而又火辣，直直射入树隙中，投下一片片斑驳的叶影，给操场添增了几分俏皮与可爱。一边学生们在红色跑道上奋力奔跑，洒下属于青春的汗水。操场中央有片草地，两边分别立有两个白色的球门，男孩们踢着脚下黑白相间的足球，开始了你追我赶的足球比赛，小草沾满晶莹的汗水，在阳光下折射出热血的光芒；另一边几个小女生拿着小毽子，在操场上一蹦一蹦的，毽子在半空中划出一道道弧线，最后稳稳地落在地上，传来小女生们一阵阵轻笑，阳光仍持续晒着，操场默不作声，静静地让学生们在它宽阔的胸膛上嬉戏、玩耍，一派祥和之象。

不知不觉，傍晚来临了，学生们踩着放学铃回家。橙红的夕阳光洒在操场上，一点点退散，不舍地和操场告别，晚风吹拂着，卷起落叶就走，传来一阵"稀啦啦"的声音，操场又变得孤零零、空荡荡的，只能听见几声虫鸣，但它并不觉得失落，因为只要新的一天到来，它便又可以在孩子们的打闹声中度过……

（从早到晚，晨昏变化。在作者的"凝视"中，操场时时皆有独特的美。阳光徜徉于其中，同学活跃于其间，晨雾缭绕，国旗升起；树影斑驳，小草点缀；晚风吹拂，叶落虫鸣——这令人不禁想起《醉翁亭记》中的句子："朝而往，暮而归，四时之景不同，而乐亦无穷也！"）

风景独聿怀初级中学操场好，让我们好好享受和操场相处的每一天吧！

点评

我们要领略风景之"好"，首先要学会"凝视"。如果仅仅是"扫视"，再漂亮的风景，再丰富的经历都不会在眼中留下痕迹。用发现的眼光去探寻、去思考，世界的大门才会在我们眼前敞开。每一天，在善于凝视的人眼中，都是美好的风景！

（插图：汕头市桂花小学　张秦）

精选好素材，捕捉动情点

汕头市聿怀初级中学　蔡尉洁

"材料具体生动，有真情实感。"这是中考作文评分标准中对"一类文"提出的要求。真情实感，源自生活，生活中每个人对世界的观察都是在不知不觉中进行并完成的。"人只要意识正常，有耳有眼，观察就能时时刻刻地存在着，根本无法拒绝。"作文的题材俯拾皆是，根本不需要鹦鹉学舌，喃喃地重复别人的话语，讲述老掉牙甚至错漏百出、违背生活常识的故事。所谓的"好素材"，其实就是自己的切身经历与感受。自己的切身经历与感受，怎样才能唤起读者的共鸣呢？捕捉"动情点"，是让材料具体生动的有效方法。

动情点，即情感的出发点，是叙述中的"横断面"，可以是一个片段、一个场面、一次冲突、一个情节等。也可以说是某个细节，如一个眼神、一个动作等。它能触动你的心灵，牵动你的情思，引发你的思考，启迪你的（写作）智慧。这样的"动情点"，在学过的课文中比比皆是：《散步》中"我"的母亲与儿子关于走大路还是走小路的分歧；《秋天的怀念》中母亲"要好好儿活"的叮嘱；《背影》中父亲艰难攀爬月台的背影……这些场景、话语、形象，都给读者带来鲜活生动的印象，使文章熠熠生辉。

我们来看看下面这篇习作是怎样"精选好素材，捕捉动情点"的。

温暖的时刻

汕头市聿怀初级中学　陈嘉欣

我有一个让我又爱又讨厌的爸爸。（开篇即激发阅读兴趣。"爱"是真情语，"讨厌"却是奇崛语。这两种相互矛盾的情感，作者如何自圆其说？）

今年的小升初都需要面试，在我还紧张准备期末考试的时候，爸爸妈妈就顶着烈日，帮我到各所中学报名。因为我的家在澄海，要到汕头的学校面试路比较远，几场考试，爸爸都是天还没亮就要起床，梳洗用餐后马不停蹄地送

我去面试。等到考完，我感觉爸爸头上的白发都多了好些。（小升初赶考名校，这样的经历许多孩子都有。在此过程中，大家都知道自己考得辛苦，却不一定注意到父母比孩子还辛苦。）

我被聿初录取了。夏日炎炎，我同爸爸来到学校排队报名，在一条长龙中我们慢慢地移动。爸爸车上有一顶帽子，本来是他自己戴的，但是他看到我用手遮太阳，便不容拒绝地把帽子戴在我头上。（"不容拒绝"其实是父亲对女儿毫不保留地爱。）过了一会儿，我看到爸爸头上"银光闪闪"，满头的汗水在阳光下格外耀眼。我连忙递了一张纸给爸爸擦汗，自己也拿了一张帮他擦，（细心体贴的动作，显示情感的亲密。）手刚碰到他的头发就被吓到了，好烫！于是，我把帽子拽下来，狠狠地扣在他头上，按住不让他拿下来。（几个动词一气呵成，是内心情感洪流的爆发和宣泄。）爸爸笑了笑，伸出手给我挡太阳。我的手按在他头上，他的手挡在我头上，我顿时感觉头顶的烈日没了，只有那轻轻拂过的微风，我们都笑了……（把文章情感推向高潮。父女之间心心相印，尽在不言中。）

回家后爸爸还是经不住烈日的拷打而中暑了，看着他捏着鼻子把一碗又苦又臭的药喝下去难受的样子，我的心也跟着难受起来，为了我考个中学，没必要这样嘛！（真情流露，余音袅袅。）

我讨厌我爸爸，讨厌他就为了帮我报个名而中暑，讨厌他白了头发。（"讨厌"其实是"爱"的婉转语。）我爱我爸爸，爱他把帽子扣在我头上，爱他把手挡在我头上。那些温暖的时刻，都是我爱的爸爸给我的。（照应前文，点题收束）。

点评

这篇文章，平平实实却又十分感人。作者讲述的是生活中曾经打动自己心灵的一幕，在讲述排队报名的经过时，准确地捕捉了"戴帽子""擦汗""挡太阳"这些动情点具体生动地描述场景，将父亲对女儿的爱护和女儿对父亲的疼惜写得细腻真挚，令人动容。

（插图：汕头市东厦小学 黄祎洵）

选独特素材，写人物个性

汕头市聿怀初级中学　陈少端

生活中，我们与另一个人相遇、相识、相知，会经历许多的事。这些事若能点点滴滴地记录下来，都是珍贵的记忆。

然而，写作并非是对生活原貌的简单记录。我们要在短小的篇幅中去塑造一个人物，展现人物的个性魅力，就需要紧扣写作中心，适当地选材并展开叙事、描写和抒情。

同学们在写人叙事时，往往会犯不加取舍胡乱叙事、描写的错误。比如，褒贬不一的叙事、不加取舍的外貌描写、毫无意义的人物对白……这样的文章或许还原了生活原貌，却失去了写作的要义。

写人物，贵在写出其个性。正所谓"以形写神""言为心声"，透过人物的"外在"表现去挖掘其"内在"个性，才是我们写作的要义。

在七年级的课文中，魏巍的《我的老师》、马及时的《王几何》都是塑造人物形象的优秀范例。魏巍笔下的蔡芸芝老师既温柔美丽又渊博公正，马及时笔下的王几何老师"矮胖"却敏捷而幽默智慧。这样的作品，无不彰显了人物的鲜明个性、独特魅力。

因此，我们在写作时，应先确立写作中心，提取一条情感线索，精选能表现人物个性的几件事或几个镜头，由"形"入"神"来展现人物的与众不同之处。其中对人物"个性语录""独特处事行为"素材的筛选，是我们须特别关注的。

下面这篇例文，是七年级学生根据本专题的写作要领所写的课堂习作。

认识你，真好

汕头市聿怀初级中学　王艺

上五年级的那会儿，班上来了一位新语文老师。大家纷纷猜测：要是个

美女就好了！砰砰！一阵高跟鞋的声音向我们逼近。大家既好奇又兴奋！老师来了。高高的个子，一头乌黑带卷的俏皮短发，双目灵动，长得还算可以，大家也算是满意。（外貌描写，突出其活泼的个性；学生心理穿插其中，对人物的认知将由浅及深，形成情感线索。）

"咳咳，我先自我介绍一下啊，我姓林，因为我耳朵很'灵'，所以你们上课的一举一动我可是知道的哦……"（"个性语录"彰显人物幽默又不失其威严。）大家一听，赶紧挺直腰板坐得端端正正。老师又咳了一声："同学们，今天我来教你们写作文。"我一听心里就直打鼓，平时我不太喜欢语文，而且最讨厌的就是上作文课——既枯燥无味，又难于下笔。（先抑后扬，设下悬念，事件有层次、变化。）

我心里正犯嘀咕，只见老师微笑着，突然话锋一转："我们潮汕有一部非常搞笑的潮剧，知道是什么吗？"见我们一头雾水。她执起粉笔，转身在黑板上写了几个字，字迹遒劲有力，龙飞凤舞般宛如一幅水墨画。同学们恍然大悟，确实听过这么个潮剧，却并不了解，都睁亮了眼望着"灵"老师。

她抬了抬头，绘声绘色地讲起这个话本。一个原本我们这些小孩听着会无聊的潮剧，却被她讲得高潮迭起，让人身临其境。她讲到经典的片段时，忍不住还唱了几段，唱腔悠扬动人，入耳入心。底下的同学听着听着，都被吸引住了，等她唱到那滑稽有趣的唱词，也无拘束般地哄堂大笑。老师也不生气，只是和蔼可亲地看着我们，一边拿手机播放起那段潮剧，一边又评点起来。

我瞧着林老师，仿佛讲台变成了舞台，讲课变成了潮剧欣赏，这完全与以往枯燥讲堂的方式不同。最后，她以出乎我们意料的话作结："这部潮剧原本是个既啰唆又无聊的剧本，后经编剧修改润色便成了这般美妙的作品。这亦如作文，要让作文变得优美，就要懂得如何修改、润色'宝剑锋从磨砺出，梅

花香自苦寒来。'下点功夫，你们也能创作出优秀的作品。今天的作业是——修改自己的暑假作文。"

"叮铃铃"下课铃响了！真奇怪，这节课怎么这么快？几年来语文课上的枯燥和乏味不见了，我甚至对修改暑假作文充满了期待。（独特的处事行为和高超的教育艺术，写出了老师的专业素养及和蔼可亲的态度。学生的心理活动变化从侧面烘托出老师的魅力。）

林老师，由衷地谢谢您！让我认识了语言文字之美！认识您，真好！

（插图：汕头市长厦小学　陈大有）

情感"融进去"，自己"走出来"

汕头市东厦中学　苏丹丹

　　作文的重要目的之一是抒写自己对现实世界的心灵的感受。而怎样把心灵的感受表达得既痛快淋漓，又适当有度，这里面其实是有一对看似对立的法则：融进去，走出来。所谓"融进去"，我想无非是两方面：一是写真写实，即把自己的情感表达得真实，让人可信，从而引起人的共鸣；二是写深写透，即把情感的最深处表达出来，不仅要获得理解，而且要引起深度的共鸣。这样看来，做到"融进去"，其实就是提倡我们用心作文。融不进情感的作文，就给人假的感觉，读起来也只是一纸肤浅的汉字而已。为什么又要"走出来"呢？因为作文是心灵的产物，既是生活的发言人，又是生活的向导。所以，我们的作文可以是"心情簿"，但千万不能成为"牢骚簿"。不论什么样的事情，不论什么样的情感，我们最终都该有一个正确的、客观的判断，把这种经过正确判断后的情感表达在作文中，给自己、给他人以一种积极、乐观的感染和引导，这才是我们始终不渝的追求。

生命的追寻

汕头市东厦中学　陈宋洁

　　在浩瀚无垠的宇宙，数不尽的星体像一个个微小的生命，闪烁着最微弱的光，温暖着最渺小的自己。

　　如果只是这样孤傲地发光，在经过漫长的岁月后再孤独地被埋没。那么这样的孤芳自赏有何意义？这样的生命又意义何在呢？

　　每一个生命都该拥有梦的追寻，就像每一颗星体都该燃烧生命去发光、发热，哪怕似烟花般短暂却也灿烂。你说这样的生命，是不是很有意义？

　　曾几何时，我也这般将最天真烂漫的笑容留给了糖果和布娃娃的年代。从我拿起画笔的那一刻，从我用大片色彩倾泻在白纸上的那一刻，从我用轻柔的铅灰色构成最温暖的画面的那一刻起，我的世界彻底改变了。我手执画笔，将我的世界装点得五彩斑斓。在那个没有一丝云彩的午后，干燥的空气里充斥着五颜六色的颜料味。我将童年折叠成纸飞机，目送着它承载着我轻飘飘的时光摇摇晃晃地越飞越远，就像一朵洁白的云彩填在单调的蓝天里。我知道，我的生命力开始有了梦的分量。

时间就像附在指尖的青蝶，飞向发黄的老照片。一切的日子就像煮开了的水，时间就被平淡的蒸发在空气里。如果日子永远这么平淡，那么生命就不叫生命了。

渐渐地，我发现纸上铅灰色的人物呆板可笑，僵硬的神态就像它生命里的铅灰色，毫无生动可言。可是明明就见过，同学的铅色素描可以那么生动，明明是那么空洞的铅色，倾泻在纸上却像要溢出的满纸彩色，很美、很美。面对一次又一次的失败，看着别人若有若无的轻蔑眼神：放弃吧，明明不是那块料。我那握紧的拳头，渐渐无力……

吃饭，学习，睡觉。我曾以为日子就该这么过。可是在寂静空虚的深夜，握着的暖手咖啡，冒出丝丝缕缕雾气，我还是可以透过它们，看见曾经握着画笔的一次一次。空气中甜得发腻的香味似乎堵在心中，很烦、很闷。明明结痂了的伤口，撕开的时候却还汩汩地流血。痛到麻木，却终没勇气再拿起笔。

躺在床上睡不着，想起身喝水，经过镜子前，我恍惚看见镜子里的我勾起嘴角对我轻轻微笑："就这样放弃吗？"我不语，她却自顾自说起来，"我给你讲个故事吧。从前有一个人，一直在追寻着。有人问，你在坚持什么？他笑而不语，埋头苦干。也有人劝他放弃，他笑而不语，坚持不懈，却好似得到了一切。你说他到底为了什么？"听着这些话语，我的心泛起层层涟漪，一晃神，却发现自己仍坐在床沿。月光透过床沿倾泻在地上，拾起一件件回忆，那么多的开心和难过，要放弃，还真是不甘心。

我紧握画笔的手，再也不想松开。追梦路上，因为有我们这样一群人才更精彩，我们的生命，也因为有梦而更精彩。画笔给了我最鲜明的色彩，梦想给了生命最有意义的分量，因为梦想一直在，所以彼岸花会开，生命的追寻，永无止息。

点评

成长、梦想，是初中生写作的热门话题。要让读者眼前一亮，写出与众不同的故事来，还真不容易。小作者选取了一枝承载她梦想的画笔，娓娓道出她追梦的过程，也是她的成长史。小作者还亮出自己的感悟，生命之所以精彩，正是因为发掘了成长过程中梦想的意义。本文立意深刻，文笔优美，给人以美的享受。这样既让情感"融进去"，又让自己"走出来"的作文，才是心灵的作文，是文字的阳光。

（插图：汕头市东方小学　许婷）

立意如统帅，意深则旨远

汕头市聿怀初级中学　陈倬莹

明末清初思想家王夫之说："意犹帅也，无帅之兵，谓之乌合。"可见，立意关系到文章的质量和水平。

何为"立意"？立意是指作者在动笔之前，将文章或作品内容所要表现的主题思想，所要揭示的生活真理确定下来。元代文学家陈绎曾说："凡作文发意，第一番来者，陈言也，扫去不用；第二番来者，正语也，停止不可用；第三番来者，精意也，方可用之。"意思是说，立意要反复斟酌，下一番功夫，力求正确、新颖、深刻。而这需要我们的同学多读书、多思考，努力培养敏锐的观察力，而后才能炼意。

作文是一种借助生活积累，创造形象，表达思考的创造性思维活动。构思时需要把立意贯穿于材料的选择、内容的拓展、主题的提炼、结构的安排、人物的刻画等全过程。

下面这篇例文，是学生根据本专题写作要领所写的习作。

慢步，刷新着我的生活

汕头市聿怀初级中学　颜乐滢

汕头的西边有一片老城区，被人们称为老市区。那里，似乎已经被发展中的汕头遗忘了，斑驳的城墙，缓慢的生活步伐，时光在那儿似乎也变得慢了。（当"速度""效率"成为制胜法宝时，"慢"就成了缺点，作者在文章一开始就巧妙设伏，为后文揭示主旨蓄力，同时也引起读者阅读的兴趣。）

周末，我漫步在老市区的街头。那些盘踞在斑驳城墙上的树根，树上长着稀稀落落的树叶，将阳光剪成细碎的斑点，在斑驳的城墙上、不平整的街道上跳跃着。我的目光追随着阳光的步伐，飘到了城墙旁的一堆藤制家具上，泛着黄绿色的家具在阳光的照耀下，让人看着心生暖意。我慢慢地走上前去，

看见一位年逾古稀的老人，坐在藤具的中间，手上握着好多藤条，脚上放着一件已初具雏形的藤椅，正一手一手地编织着。我不禁放轻了脚步，缓缓地走上前去，驻足观看。许是我的到来惊动了老人家，他抬起头来，看了我一眼，笑了笑，将一把摊前的藤椅推给我，示意我坐下，说："小姑娘，若是感兴趣，不妨坐下来看看。"我应声坐下。只见老人家将手中的藤条一条一条地编织进藤椅，每做几步，手都要扯一扯，看藤椅是否结实。我问老人家，做一把椅子需要多久。老人家一边干着手里的活儿，一边念叨着："一把椅子大约要十天半个月吧，这种活儿，要慢工才能出细活儿，急不得。现在的年轻人，都太急功近利了，干不好这个活儿，我们家这手艺传到我这一代便传不下去了，我的儿子和孙子都不学了。哎……"我注视老人的脸，一开始的笑容已经不在了，取而代之的是满满的沧桑与无奈，我看见阳光照耀在老人家花白的头发上，光芒耀眼。那一瞬间我似有所悟——慢，刷新了我的生活。（作者细化了老人的动作、语言、神态，所有的细节都是为了塑造人物的形象，为揭示文章的主旨做铺垫。"慢工出细活"，但急功近利的社会却让手艺人的理念受到质疑、动摇。老人的无奈与叹息引发了"我"的思考。这种深刻思考所形成的立意，正是本文的亮点，是作者超脱同龄人的原因。）

在这个以"时间就是金钱"为宗旨的时代，又有多少人能明白"慢工才能出细活儿"这样简单而又朴实的道理呢？有时候，放慢脚步，是为了给自己足够的时间与空间，来反思自己做过什么、要做什么。放慢脚步，是为了更好地出发。慢步，刷新着我的生活。（"我"的感悟到此时也水到渠成了。深层反思，挖掘事件深层内涵。）

回家的路，夕阳染红了半边天，然而我的步伐却又放慢了几许，我观望着老市区残破的墙房、斑驳的城墙，却看到了几许不同于平常的美，如陈年的酒一般，历久弥香。美景就在我们的身边，只是需要我们放慢脚步，寻找身边的美。慢步，让我更好地认识自己；慢步，刷新着我的生活。（思考螺旋上升，题意渐行渐深。）

点评

文章最忌随人后。"慢步，让我更好地认识自己；慢步，刷新着我的生活。"这是作者的感悟，也是本文的立意。当大众普遍追求"时间就是金钱"，作者却反其道而行之，认为"慢"能更好地认识自我，刷新自己的生活。在考场上确实令老师耳目一新，这已经让作者在云云考生中脱颖而出了。围绕这一立意，作者的选材也比较独特，记叙的是被世人遗忘的老市区、老人家、老手艺（藤制品编织）。"老"与"慢"在这一刻竟融合得如此巧妙，为作者触发深思，得出感悟蓄势。在文章的结构上，作者能自然地由景入情，前后呼应，叙事议论恰到好处。种种因素成就了一篇较好的考场佳作。

（插图：汕头市东方小学　张丹桐）

写熟悉素材，立别样旨意

汕头市金园实验中学　何益秀

初一课文《走一步，再走一步》写的是一群小伙伴爬悬崖的故事，如此素材不少同学的写作立意会定格在"友情"和"亲情"上。但文章却引出不一样的思考：我们在生活中要学会化大困难为小困难，从而逐个击破。

看来，"写熟悉的素材"也可以"立别样的旨意"，让熟悉的地方也有风景！

下面这篇学生的习作算是较成功的一例。

忍不住凝视

汕头市金园实验中学　王婧源

斜阳欲坠，玉镜将明，金风渐渐，转眼已是浅秋时节。初三学生的忙碌，便是不停地在题海里兜转。一天的节奏快到让人无法喘息！我每日机械地徘徊于家和学校之间，被动地接受无尽的知识。

我不由地怀疑生活的意义：每天按部就班劳苦于学海，考高分，再考高分。青春的精彩，生命的灵动在哪里？！（作者从环境的渲染到周观的生活，让人心凉郁闷。开篇"抑"笔明显。）

但那天令我忍不住凝视的景象，却让我豁然开朗。（笔锋一转，间接的笔墨，既扣题，又设悬。）

深记得那日傍晚，我依旧拖着疲惫的身体回家，在等电梯时忽然发现了几只活泼的小生命，它们在墙角忙碌地爬来爬去，在忙什么呢？（交代了事情缘由，"等电梯"也为下文的"凝视"赢取合理的时间，并为文末"电梯到了"埋伏笔。）

出于好奇，我仔细一看，竟是几只蜘蛛。它们渺小得如尘埃容易被忽视，却没有沉寂地锁在角落，而是一直在奋力地荡漾于悬空，展现着生命的灵动。（渺小易被忽视的蜘蛛，却尽显生命的灵动，字里行间流露出作者对蜘蛛的兴趣，从而推动下文"凝视蜘蛛"的情节。）

记得蜘蛛结的网不是清晰可见的吗？我忍不住凝视寻找。也许是因为近视的缘故，在明亮的灯光下这网为何透明若无？我努力睁大眼睛，却不易找出网的完整轨迹。

这时一只小蜘蛛引起了我的注意，只见它在细细的网上摇摇欲坠，网丝似乎也脆弱到难以承受它微小的力量。只见它用两只毛茸茸的脚牢牢地抓住网丝，其他的脚则在奋力探寻前方的路。只要一只脚

触碰到新的网丝后，它便毫不犹豫地加快前进的步伐。在一次次地摸索后它顺利找到了前行的方向，终于回到了墙角边的大蜘蛛身边。

渺小的蜘蛛在几乎透明的网上前行，前面是冰冷的"万丈深渊"还是温暖的母亲怀抱，它无从知晓。可是它依然认真地探寻，走好脚下的每一步。（作者从对细微的网丝、执着的蜘蛛进行细腻地描写，到一笔道出蜘蛛的"依然认真地探寻，走好脚下的每一步"，由表到里，符合读者的认知规律，让人在感知中产生共鸣。）

凝视间，我思绪纷飞——青春的我们也有陷入迷雾的深谷的时候，尽管前方没有明灯指示，却仍旧能抓住努力的藤蔓，一层层地穿越大雾，看见希望的征程！是啊！每个人的青春图腾都要靠自己去描绘，我们只有脚踏实地才能走向光明的前方。（感同身受，由物及己，议论水到渠成。）

"吱"的一声，电梯到了。我微笑着收回凝视的目光和纷飞的思绪，在馨暖的灯光下重新爱上奋斗的青春生活！（"电梯到了"与前文"等电梯时"相照应，结构严谨。而后积极的一笔，轻松而巧妙地展现"豁然开朗"带来的结果，与开篇"抑"笔遥相呼应，"扬"笔自然鲜明，简洁收笔，不乏力量。）

点评

　　"蜘蛛结网"是学生笔下常用的素材，但上文的小作者却能换一个角度，结合自己所处的迷雾状态来思考：要像蜘蛛一样敢于摸索前行！如此积极的青春誓言，传递着浓浓的正能量。

　　那么，如"爬山，学会骑单车和观看一棵小草、一朵野花"等其他熟悉的素材，我们也可以引导学生撇开"毅力坚持、生命顽强"等常见立意，在爬山中与杜甫的"会当凌绝顶，一览众山小"共鸣；在学会骑单车里积累"注重冷静头脑，享受过程"的经验；让小草、野花与冰心笔下的"墙角的花，当你孤芳自赏时，天地变小了"的哲理思考联袂等等。

　　换个角度看生活，在熟悉的选材中，我们也能树立别样的旨意，抒写精彩的文章。

（插图：汕头市长厦小学　纪润昕）

用逆向思维，开创新之花

汕头市第六中学　林奕嘉

所谓逆向思维，即打破思维定式，从问题的相反方向进行思索，从而显露出新的思想，塑造新的形象。试想一下：同样一个话题，如果能避开一般同学的构思和立意，做到"人无我有，人有我新"，巧妙地从相反或相对立的角度去立意。那么，这样新颖独到的文章，又怎能不令人耳目一新，收到出奇制胜的效果呢？

下面这篇学生的作文就是一个很好的例子。

"朋友"改变了我

汕头市第六中学　陈宗祥

"朋友一生一起走，那些日子不再有，一杯酒，一生情……"每次听到这首耳熟能详的歌，我就会想起一段往事。（作者以耳熟能详的歌词，点题并引出下文。）

步入青春期，我的生活开始变样了。因为家境比较宽裕，加上我性格大大咧咧，从小又崇尚"为朋友两肋插刀"的豪爽。于是，我的身边突然多出很多"朋友"。

跟一些所谓的"朋友"在一起久了，听他们天天吹捧我"真是好哥们""真够仗义"……我开始变得有些飘飘然了。在他们的带动下，我开始学会了逃课、顶撞家长、泡网吧……慢慢地，原来真心待我的朋友渐渐远离了我。而我却认为，这样的他们配不上"朋友"二字。（简述我的变化，为下文做铺垫。）

后来，一件事改变了我的看法。（过渡，承上启下。）

记得那时候，一到晚上，总有"朋友"打电话叫我去玩。其实所谓的"玩"，无非就是和一群人去溜冰、飙车……可笑的是，我当时乐此不疲，更

19

是把这些人当成生死之交、莫逆之友。

我清楚地记得，那天晚上，我和"朋友"去溜冰，其中一个因为被人撞了一下，就不分青红皂白地打了人家。谁知被打的那个人打电话叫他的哥哥过来，结果等我们踏出溜冰场大门的时候，迎接我们的是十来个大汉。

面对这些人高马大的壮汉，我们都发慌了。可想起"两肋插刀"的誓言，我还是硬着头皮，在"朋友"的耳边说了句："别怕，我帮你！"可让我没想到的是，我那位"朋友"扭头看了看我，突然像捡到一根救命稻草似的，指着我，对着对方人群大喊："是他，是他叫我打你弟弟的！不关我的事！是他！全是他！你们要算账就去找他，不关我的事！……"边喊，边拔腿就跑。（生动的描写，虽寥寥数笔，但所谓的"朋友"的丑恶嘴脸，跃然纸上。）

没等我从震惊中回过神来，那群壮汉已经围过来，把我推倒在地，一阵拳打脚踢……

我躺在冰冷的地板上，眼角瞄见那些所谓的"生死之交"，此刻都跑得远远的，好像怕我是个"大瘟疫"，会传染给他们似的。那一刻，我心死如灰，只觉得地板很冷，可我的心更冷……（不是真正的"朋友"，是经不起一点点考验的，多么痛的领悟啊！）

后来是过路人看见了报了警，我才幸免于难的。当妈妈到警察局领我回家时，我惭愧得恨不得有个地洞能钻进去……

这一顿打打痛了我，也打醒了我，更打断了我和那些狐朋狗友的关系。从此，我再也没有与他们联系。

我开始放下心中那份无知的傲气，开始挽回以前失去的朋友，很多朋友都原谅了我，因为我真正明白了"朋友"二字的真谛。（幡然醒悟，真正明白"朋友"的内涵。）

"一声朋友你会懂……还有伤，还有痛，还要走，还有我……"

现在的我依然在听这首歌，只是此时的心境已经完全不一样了。有时候回想起这件事，我有些庆幸，甚至感激当时那些所谓的"朋友"。从某个角度来说，是他们，是那些所谓的"朋友"，改变了我，使我从此学会了谨慎交友。（歌词结尾，首尾呼应，点明中心。以"感谢"结尾，出人意料，也更令人回味。）

点评

"朋友"改变了我。这个题目换了其他人，都会从正面歌颂友情的可贵。可小作者偏偏逆向思维，通过讲述自己如何误交损友，以及由此带来的深刻教训，告诫同龄人：必须谨慎择友。小作者生动的描述，真诚的诉说，让人感同身受。

结尾的"感谢"，又再次出人意料，引人深思。这，难道不是逆向思维的魅力吗？

（插图：汕头市东厦小学　黄瀚逸）

叙议相交融，绘龙需点睛

汕头市聿怀初级中学　黄琳瑛

记叙文以记叙描写为主，却也不排斥议论。叙事中的议论，或点明事件意义，或阐述人生哲理，或揭示事物本质，使文章由感性体验上升到理性认识，更好地启迪读者。

叙事中的议论可以使事实与道理相辉映，读者在了解事实的同时，能够认识到事实具有的深刻意义；可以对叙述的事物进行适当地评价和分析，使文章的中心更突出、主题更鲜明，起到画龙点睛的作用；还可以直接倾吐作者的思想、情怀，感染读者。

记叙文中穿插的议论，应紧扣记叙内容、主题，点到即止；不可游离于事件之外，脱离中心，喧宾夺主。

下面的文章，在描写叙述的关键处穿插议论，使得叙议联系紧密，中心突出，情感表达更明确。

感恩大自然

汕头市聿怀初级中学　张振海　郑安乔

以前我只知道大自然有美好的一面，但在经历了那件事后，我开始恐惧大自然。而那次经历，是值得我感恩的，因为它给了我一个惨痛的教训。（开宗明义，点明题旨。）

那天我们一家人出发去游泳。夏日的阳光暖暖地落在沙滩上，阳光下金色的沙滩和蔚蓝的大海边缘不断有浪儿涌起，将那儿的沙滩冲得松松软软的。细碎的光波铺在海面上，此刻的大海既显得庄重而美丽，又被阳光碎屑打扮得活泼俏皮。我畅游在清凉又带着些许阳光的温暖的大海里，倍感惬意。（作者通过描写环境的优美、畅游的快乐来表现大自然美好的一面。）

我壮着胆子试着游到海里更深处，瞥到浅水处沙滩里伸出半个身子的贝

22

壳，一抹寄居蟹的颜色附在上面，更深处似乎有鱼儿若隐若现地游过——好美的大海啊！多么美丽的大自然！她给予我们身体上的快乐，又给予我们心灵上的愉悦。这样的大自然，是多么值得我们感恩！（叙议交融，突出中心的一个方面——感恩大自然带给我们身心上的愉悦。）

突然海上的风浪开始变大，我刚走到了浅水区，沙子便开始松软起来，脚下的海水就如同一个漩涡，要把我带入大海深处，我急忙伸开手拼命打水，拼命跑回沙滩，此时沙滩上却多了几个急救人员和救生员。望向不远处的大海——刚才还美丽而安详的大海，现在已经风浪肆虐，海浪汹涌，不停地拍打着沙滩，把阳光洒落下的波光粼粼的碎片卷得狼狈不堪。我的心里开始打起鼓——原来美丽的大自然也有凶恶的一面，她既值得亲近与感恩，却也要小心和提防！（笔锋一转，引出文章中心的第二个方面。）

我远远地看见一个人正在努力地向岸边游来，他四肢无力地拍打着水面，几近绝望地挣扎，却一次次被无情的浪花卷了回去，渐渐沉入海里，只剩下半个头露在水面上。

救生员抬着那个十五六岁的人上岸时，他已面无血色，双眼紧闭，嘴唇泛白，双手无力地垂在地上，可以想象他刚才是做了一番怎样痛苦地挣扎。他的父母焦急地赶过来，急救人员一遍又一遍地做着人工呼吸和心脏复苏术，他的父母一遍又一遍歇斯底里地呼喊着他的名字，医生赶到看后摇了摇头，他的父亲一下子就崩溃了，不停地求着医生，求求他救救他的孩子，最后医生皱着

眉头从人群中离开了。（作者通过刻画海浪汹涌、溺水者的惨状着力表现大自然凶险的一面。）围观的人也渐渐散开，这时，我突然想到，如果我刚才离开的晚一点的话，那岂不是……强烈的恐惧感在我的心中蔓延开来。接下来几天内，我脑子里全是溺水的那个人的画面，这个画面告诉了我们，在享受大自然给予的欢乐时，我们一定要保持清醒，绝不能为所欲为。（议论点明大自然凶险一面所带来的警示。）

后来，我开始感恩那片海滩，感恩大自然。感恩它，是因为它告诉了我，大自然既有美好的一面，又有凶恶的一面。她有美丽的时刻，她给人们提供玩乐的地方，给人们带来快乐；她也有凶恶的时刻，她给人们带来灾害，令人们害怕、惊惧。那次经历，就是她给我的教训，提醒我们时刻都不可掉以轻心。

点评

文章叙议交融，围绕中心分别详写了大自然的美好与凶险两个方面，又在关键处使用议论句点明中心，深化题旨，情感表达自然而深刻。

（插图：汕头市金珠小学　肖墁）

细节见思考，思考应时代

汕头市金园实验中学　何益秀

中学《语文新课标》中有"写作要有真情实感，力求表达出自己对自然、社会、人生的感受、体验和思考"的要求，其中人生的感受、体验和思考，自然是因学生的经历积累和思考方向而异。作为当代学生，要知道结合经历，调动自身体验，捕捉可感的素材，来表达吻合中学生富有意义的思考。

用手中的笔描述细节，透出思考；用个性的思考反映社会，印证时代。下面这位小作者在关注时代文化和个人思考中也悄然加入了"倡导中华传统文化"的行列。

一场戏刷新着我的生活

汕头市金园实验中学　柯钰昂

看戏，是滋润大地的雨水，是抚平褶皱的轻捻，也是一份平淡中的追求。我爱看戏，也常在戏中有所收获。（直接切入主题，"爱看戏""有收获"奠定全文情感基调。）

印象中，正是这样一场戏刷新着我的生活。（独立成段的句子，既扣题，又起到强调的作用。）

记得那日在西安旅店的窗外，人声迭起，零星的雨花拍打着窗沿，与沸腾的人群应和着，引起了正玩电子产品的我的好奇心。挤过人群，我惊讶地发现竟是一场皮影戏！这种老土过时的东西怎么会引得这么多人的围观呢？（"新时代的电子产品"和"老土过时的皮影戏"形成鲜明的对比，自然成了小作者思考的触发点，也引发了读者的思考。）

我定了定情绪，出于好奇来"欣赏"探究——在科技高速发展，"快餐文化"充斥着我们生活的时候，这场戏的意思到底在哪里？（再明确点出下文细看这场戏的缘由，也为后面的思考埋下了伏笔。）

"好！"围观的人群齐声喝彩，我循声望去，只见那红脸关公咿咿呀呀地叫唱着，白脸曹操威风凛凛地立在一旁，擂鼓一通，原来这是一场"曹操降关羽"的戏。虽然黑白影子相互交错并不新奇，但表演者和观众们的热情却不输任何一部大片！瞧！关公立马横刀，站于两位嫂嫂的马车前，抚弄下颌的美髯，轻叹一声，可见他对刘备的忠心。曹操则一阵奸笑，甚是得意："关羽都已纳入吾麾下，天下孰能挡我耳？"我被表演者活灵活现的表演给吸引了，竟也对关羽满是钦佩，而又愤愤于曹操的奸诈！（作者观察细致入微，描写正侧面结合，戏中的刘备、关羽是中国人耳熟能详的三国人物，极好地体现了中华传统文化的主题内容，而皮影戏更是历史悠久，是我国传统文化的一大瑰宝。）

仍是本着好奇，我悄悄绕到后台，发现皮影戏的表演者乃是一名年过七旬的老者，一头斑白的兴发和一副飘飘长须让我震撼——那分明是对皮影戏的热爱和对表演的执着啊！我突然对他心生崇敬：像他这样年长的中华艺术传承者也不曾停歇，其间定有他在浮华社会中沉淀下的一份情怀呀！

（由皮影戏到表演者，特别点到表演者的身份，不禁让人肃然起敬，小作者的思考："浮华社会中沉淀下的情怀"也成了靓丽一笔！）

"滚滚长江东逝水，浪花淘尽英雄。"耳畔响起这熟悉的旋律，此刻我眼中不仅有三国时期的波澜壮阔，还有那位不辞辛劳的中华文化传承者，更有的是中华文化几千年来沉淀的精粹。

不得不说，这场戏刷新了我的认知、改变了我的生活：如果连我们都不能传承中华文化，那么又让谁担当呢？（结尾顺势点题、扣题，并以反问收笔，仿若给读者当头一棒，引发大家深深地思索。）

点评

"一个国家、一个民族的强盛，总是以文化兴盛为支撑的。没有文明的继承和发展，没有文化的弘扬和繁荣，就没有中国梦的实现。"对于日趋国际化的中国社会而言，学子们应该思考什么，保留什么。八年级语文课本中的《吆喝》《春酒》《云南的歌会》等文章给了我们一些启迪。期间，如何让当代学生认识传统的东西，从而引发对传统文化的思考呢？上面学生的例文，层层深入，以好奇为由，不断抓住特别的细节进行描写，透过细节足见作者的思考，而思考处吻合"弘扬传统文化"的时代呼吁，引发读者的共鸣。

（插图：汕头市汇翠小学 倪诗羽）

叙为议之本，议为叙之根

汕头市聿怀初级中学　蔡尉洁

　　记叙文写作中运用叙议结合的方法写作一般有三种情况：先叙后议、先议后叙、夹叙夹议。在叙述的过程中，对文中某个人或某件事抒发感想并做出评价，可以更加突出表现写作对象的特点，表达作者的情感，还能使得行文笔法灵活变化、生动活泼，并起到总起、提示、过渡和总结等作用。

　　要明确的是，对于记叙文而言，叙为议之本——完整的叙事是基础，议论是在事件展开的过程中适时插入的，往往在关键细节的描写上起点染作用，并在叙事的末尾水到渠成地进行总结深化主旨；议为叙之根——议论占的篇幅虽然不多，但关系全文中心，叙述的重心、详略都要根据表现中心的需要来安排，不能跟议论脱节。

　　下面这篇文章，就是在完整叙事的基础上，运用叙议结合的方法进行升格。文中【】内文字为升格时添加的叙述性议论，起到凸现主旨，增强语言感染力的作用。

感恩母爱

汕头市聿怀初级中学　叶楚泽

　　时光荏苒，我们在妈妈无微不至地照顾中长大成人，妈妈总是把孩子摆在第一位，却往往忘记了自己的需求。（叙中有议，引出下文，明确中心。）

　　那是一个寒冷的早晨，窗外冷风呼啸，疯狂地肆虐着。而屋子里温暖的被窝就像是这冬天里的人间天堂。

　　"起床了！"妈妈那狮吼般的分贝吵醒了正在熟睡的我。虽然极不情愿，但我还是从床上爬了起来。我揉了揉惺忪的眼睛，刚想从衣柜里拿校服，却发现它们早已整整齐齐地叠放好在旁边的床头柜上。【我不禁心中一动：这么冷的天，我上学要早，可妈妈起得比我更早哇！】（表达了作者对母爱的一种感受和认识，感情色彩鲜明。）

我穿完衣服，洗漱完毕后，径直向长桌坐去。眼前的景象不禁使我垂涎欲滴：香甜的白粥，冒着热气，煎得两面金黄的鸡蛋正恭恭敬敬地躺在盘子里等着我。【妈妈的手艺就是好，寻寻常常的食物也能做得这么诱人，有妈妈在，我的胃口肯定差不了。】（加入对妈妈手艺的评价，同样是在为"感恩母爱"张本。）

我正津津有味地品尝着，熟悉的声音再次在耳边响起："快点吃，要不该迟到了！"可怎么只闻其声，不见其人呢？

我往阳台一瞧，原来她正在收昨天刚为我洗好晾上的衣服。北风像淘气的小孩，肆无忌惮地玩弄着她的头发。【一大早，妈妈就为我忙个不停，这是她每天生活的常态啊！】（点出妈妈对孩子的关爱并不止于此时此刻，"感恩"两字虽未明白道出，却已溢于言表。）

"快点吃，吃完我就送你去上学。"妈妈接着说道。"你不吃早饭吗？"我疑惑地问。"不了，先送你去吧。"我想说什么，却又没有说出口。其实说了又有什么用呢？【妈妈怕我迟到，才顾不上她自己呢！】（作者能体察到这一点，又怎能不油然而生"感恩"之情呢！）

来到电梯里，妈妈反复询问我冷不冷，我说不冷，再看看她自己，穿得比我还少。我埋怨她说："妈，看看你，穿这么点，要是感冒了。谁来照顾我呢！"妈妈笑了笑，说："这么大人了，什么时候会照顾自己，妈妈就省心了！"（在叙述的过程中，每一个动情点的捕捉，都是为表现中心服务的；每一处抒情议论的文字，都为文末揭示主旨做足铺垫。）

在妈妈眼中，我永远是个长不大的孩子，永远需要她操心，永远比她自己重要得多。感恩母爱，母爱是寒风中温暖的港湾，是我生命中永远的绿洲！
（在结构的关键点议论总结全文，明明白白点题，前后呼应揭示主旨内涵。）

（插图：汕头市大华路第一小学　林曦贤）

（插图：曾广琪老师美术工作室）

细节筑血肉，文章更动人

汕头市聿怀初级中学　陈倬莹

当今社会，产品、服务的品质通过什么突显呢？那就是细节。文章亦是如此，"没有细节就不可能有艺术作品"。何谓"细节描写"？说白了就是把细小之处放大了来写。你的文笔就是一个放大镜，把容易被忽略的细小之处，通过准确、生动、细致的描绘，使读者如见其人、如睹其物、如临其境，从而引发读者的情感共鸣。

细节描写的常用技法有：细化动作，延长过程；调动感官，丰富感受；描写景物，烘托渲染。

下面这篇例文，是学生在原作的基础上丰富了细节描写的升格作品。

特别的米粥

汕头市聿怀初级中学　张家界

我的母亲，其实并不是贤妻良母型的女人，但在父亲的上班时间调整后，却不得不尝试着做起饭来。

母亲学做米粥的过程并不漫长，在烧焦了几次米饭，烫出了几个水泡之后，终于可以像模像样地为我端上一碗乳白的、热气腾腾的米粥了。母亲身上沉睡多年的做饭天赋被这浓浓的米香唤醒，家里的电锅也像京剧脸谱一般从此每天变幻着各式花样。而我则心安理得地享受着母亲每天带给我的惊喜。

米粥清香温暖，尤其是在冬季。还记得那个冬天我提早回家，本想和母亲打个招呼，却看到最美的一幕：她一手拿着大汤勺在锅中来回搅拌，一手拿着菜谱慢慢研究着，她时不时用手臂拭去欲滴的汗水，用小拇指勾起遮眼的碎发，围裙系带在风扇的吹动下不安分地鼓动着。（细化动作。句中"搅拌""拿""拭""勾"等动作生动地描写了母亲为"我"煮粥时的用心，表现了母亲对"我"的爱。）落日的金色余晖映着她，窗棂把她的影子分割成不

31

规则的几块，映在地上，更映进了我的心里，并在我的心底无限放大……（细化环境描写。光线映照着母亲的身影，使母亲的身影定格在"我"心中，分外生动。）

母亲把一碗核桃杏仁粥端到我面前。我接过粥，细品着它散出的热流、溢出的暗香，陶醉于这滋味绵长的米粥中。（如何体现"细品"？那只有从粥的热度、香气、滋味中去追寻。作者调动各种感官，把感受写得丰富细腻。）可当我看到母亲指甲上因剥核桃留下的斑驳痕迹时，我却不能不动容了。（母亲剥核桃时留在指甲上的痕迹——这样的细节何其动人，只有细致地观察才能发现这样独特的细节，触发读者的共鸣。）

"妈，你为什么总喜欢煲米粥？"

"米粥有营养，对身体好哩！"妈妈回答道，却神情突转，顿了一顿，"再说了，你最近压力也大，放学后又不往家里跑……班主任找我谈过说你不在状态……我很担心，又不敢对你说过激的话……只能煲好粥，等你回家……"（细化语言描写。母亲的话或许断断续续，看似没有条理，其实每个"省略号"都是母亲的沉吟，每一次的沉吟都体现了母亲的小心翼翼，这就是母亲对"我"的细致呵护，对"我"的爱。）

我捧着这碗沉甸甸的米粥，眼眶被蒸腾的热气润湿了。原来这碗粥，是母亲把她那颗对儿子关爱、担忧的心放在锅中慢慢煎熬出来的。

米粥，这特别的米粥，映着夕阳下母亲忙碌的身影，在袅袅的炊烟中，沉入我记忆的余晖中。（再次刻画母亲的形象，在结构中体现首尾呼应，强化细节。）

作者自评

　　"我以往的作文优势在于文笔较唯美、精致，但少了具体的事件，导致内容显得单薄。本次作文我特别注意了细节描写，将情感具体化，更注重人物的刻画和感官的描写，也加入了一些环境描写来渲染文章气氛，从最后的得分来看，似乎这个方法还是奏效的。"以上是小作者对本次作文的总结。细节描写筑成了文章的血肉，使文中这碗普普通通的粥变得如此"特别"！

　　　　　　　　　　　　　　（插图：汕头市东厦小学　周晓琳）

大题宜小作，细处见精神

汕头市嘉顿学校　蔡树升

　　作文训练中，我们常会碰到一些外延宽泛，可选素材较多，可以表现的主题也很多的命题，比如说"最美""变化""我的老师"等。就拿"我的老师"来说吧，老师对于我们来讲本来是最熟悉的，但许多同学反倒总是写不好，课内课外、校内校外、早读午写，眉毛胡子一把抓，大而空，不得要领。其实，"喜人春色不须多，万绿丛中一点红"，如果能够找到一个小巧而独特的角度，抓住人物的一两个闪光点，着力描写，深入挖掘，反倒能打动读者，作文自会胜人一筹。

　　那么接下来，我们就通过一篇习作来感受"大题小作"的妙处吧！

她

汕头市嘉顿学校　陈舒暖

　　人的一生里会遇到许许多多不同的老师，他们性格不同，相貌不同，但相同的是他们都有一颗孜孜不倦的育人之心。

——题记

　　几年来，我一刻也未曾将她忘记，心底一直深深追忆那段难忘的岁月，失去的和得到的同时刻在我心中，留下了一个个深深地烙印……

一缕目光

　　"不要叫我！千万不要叫到我啊……"上着数学课，我一边暗自祈祷着，一边把头埋进书里。我的心突然收紧，掌心不停地冒汗，脚不住地抖着，害怕李老师的目光会从我的身上瞟过。李老师是我五年级的数学老师，她和蔼可亲，中等身材，一头橘黄的齐短发，她爱笑，笑起来眼睛像月牙似的，甚是好看。但她上课时很喜欢让人来回答问题。

　　我很害怕她会叫到我，那时我胆子比较小，可越怕越会到来。我听到

34

她那甜美的声音："小暖，你来回答！"胆小的我顿时惊了一下。"嗯……嗯……"我支支吾吾地答不上来，连耳根都跟着红了起来，全班人的目光都投向了我。我胆怯地抬头看了她一眼，她温柔的目光正对着我，恍若开在晨曦里的一朵花，让人不自觉地感到轻松愉悦，她似乎在说："大胆点！勇气！勇气！你只是需要一点勇气！"

在李老师温柔的目光里，我拘谨畏缩的心在那一刻变得轻松了些许，夹杂着感动。于是，我拿出勇气努力地回答，虽然答得不够好，但是李老师依旧用温柔的目光鼓励着我，让全班同学为我的回答鼓掌。她那一缕无言、满含鼓励的目光，让我懂得了每个人都必须要有勇气，不要因胆小而让自己变得懦弱。

一个手势

那一年，在李老师的鼓励下，我报名参加了学校冬运会的200米女子比赛。那天看不到一点儿阳光。"啪"随着一声枪响，我们开始跑了起来，速度都差不多，尽管好友们在场外不停喊"加油"！可不知为什么，我仍没有什么力气去跑、去赶……只剩下50米了。就在这时，我突然在迷茫中看到了阳光——李老师正站在终点，拼命为我加油！她比着"OK"的手势，示意让我坚持着冲过去。20米……10米……在想着我一定要赢时，我终于抵达了终点。

"你赢了！"她扶着我，我们彼此感激，她看了我一眼，又摆出"OK"，这个手势我能懂，大概也只有我懂……

李老师那个充满关怀的手势，使我知道：每个人都是需要鼓励的。

后来，她得了一种罕见的病，需要去广州医治。记得离别那天，乌云密布，或许那坏天气是意味着有坏事情发生！她给我们上完最后一节课后，并没有立即离开，而是细细地看班里每个人的脸，又是那一缕温柔的目光，我忍不住落下了蓄积一节课的眼泪，她见我流泪，对我比了一个"OK"的手势，无言地告诉我要坚强、自信、努力学习，以后做事要大胆地去做……

一缕目光，一个手势，都化作一片爱心，你心换我心，我心似你心，虽然李老师不教我们了，但我和她会将那一曲师生情歌永远地奏响着……

点评

作者抛开"人物性格特点+事件展示"的惯常写法，选取了最能彰显李老师人格魅力的两个角度——"一缕目光"和"一个手势"，来表达自己对李老师那份深沉的感激和怀念，避免了枝蔓丛生，想要面面俱到结果却大而空的弊端。像这样的写作，我们也常在名家名作那里见到，如朱自清的《背影》、冰心的《小橘灯》、铁凝的《戴套袖的孙犁先生》……所以，当我们面对选择性较多的大题目时，不如静下心来，细细筛选属于这一命题范围内的某一点、某一侧面、某一感人片段，写得深刻一些，充实一些，生动一些。

（插图：汕头市丹霞小学　谢梓浩）

添枝并加叶，动作细分解

汕头市第二中学　陈少玉

一棵大树，光秃秃的只有树干，又如何让人感觉到生命力呢？同样地，文章也需要添枝加叶来使之生动。

《考试大纲》中的一类文要求写作要"材料具体生动，详略得当"，材料安排要围绕并体现中心，越能体现中心的内容要写得越详细，我们可以尝试使用以下方法：

一是添枝加叶法。一个简单的句子，多问"怎样"或"什么"，在要写的对象前后加上表示时间、地点、归属、数量、形状、颜色的词语，对其加以描写，句子的意思就会更加具体生动。

二是分解法。把事情的发展经过分解成几步来写，一个活动分不同阶段写、大场面分解成小场面写、一个大动作慢镜头分解成几个小动作写。例如我们熟悉的经典文章《背影》"望父买橘"中写父亲跨过月台时的动作分解成几个小动作"探""穿""爬""攀""缩""微倾"来写出父亲的辛苦以体现父爱。

下面，通过一位学生的作文来看看详细方法的使用：

遇见那笑容

汕头市第二中学　孙漫纯

夏夜，知了在榕树上发出聒噪的响声，仍是一个闷热的傍晚，没有一丝风。（添加环境描写，为下文"不放弃排队""犹豫"埋下了伏笔。）我穿着凉鞋在一家小小的冰激凌店门口排队。这家店虽然刚开张不久，但因其雪糕香滑爽口、价格公道颇受青睐，每天顾客盈门，店前排起一条长龙。我懊悔为什么要选这个时候来买冰激凌，但又不舍得走开。只好环顾四周到处观望，打发无聊的时间。

　　路边的公共电话亭里，一个穿着时髦的女郎正在打电话，破洞超短西装裤，齐肚脐的粉红上衣，大波浪长卷发，脸上扑着夸张的金色眼影。（写作时问问"什么样的女郎"；添加对女郎的外貌描写，凸显女郎的性格特点。）不知电话那头说了什么，女郎突然发起脾气，很大声地喊着、叫着，不停地跺脚（"女郎怎么了"这里是对女郎的动作描写。）引起路人侧目。她视若无睹，依旧咬牙切齿，面目扭曲地骂着，继而愤恨地把听筒用力往下一砸，转身离去。被扔出的听筒像硬皮球重重地磕在拨号键盘上，然后反弹垂直落下，在弹簧电话线的拉扯下来回地飘荡。（"被虐待的公共电话听筒怎么样了"这里添加了听筒被"虐待"后的凄凉下场，急需善者帮助。）

　　我被这一声巨响吓住了，心想可怜了这公共设施。既然用了就要好好爱护，哪能这么粗鲁。不过，我要不要过去把电话挂好呢？算了，这又不是我弄的，况且我一走开，别人迅速占了我的位置怎么办？还是不要白费力气去做无关紧要的事。（"我被巨响吓住后想什么了"，添加"我"的心理描写，在辛苦排队、美食与做好事之间纠结犹豫却没有行动。）

　　这时远处跑来一个小女孩，十一二岁的样子，穿着一件花裙子，清秀又可爱。她在路上蹦跳着，到电话亭前，却停了下来。（"小女孩什么样、怎样走"，描写符合人物的年龄性格特点。）她在那儿站了一会儿，然后抓住荡动调皮的听筒，一手攀着电话亭的玻璃边沿，看着高高贴在上面孤零零的电话座，她努力踮起脚尖，鼓槌似的小手臂两次撞在拨号键盘上，可就是差那么一点点。她突然改变了战略，把小小的身子趴在电话机上，用力蹿跳起来，在跳起的瞬间迅速把听筒扣在黑色的挂机键上。（采用"分解法"，把女孩挂听筒的动作分解成"站""抓住""攀""踮""趴""蹿跳"几个小动作，写出了小女孩想做好事却力不从心的善良天真。）听筒终于不再像秋千那样来回飘荡了。在她干净的脸上，绽开一个纯真的笑容，牵动脸颊的两个酒窝，露出小虎牙。这是一种自信满足的微笑。（问问"女孩完成后怎么样了，有什么表现"，写出女孩努力保护公物后满足、兴奋的神情，表现她的善良。）

排队的刹那间，小女孩高高兴兴地走了。而我手里拿着刚买的冰激凌，尝了一口，却只觉得是热的。热乎乎在我心里，火辣辣在我脸上。我走过去，扶起刚刚被时髦女郎一脚踹歪的垃圾桶，我真希望自己一个转身又遇见刚才那个笑容。

点评

　　文章写了一个小小的场面，几十分钟之内3个人物的不同性格跃然纸上。女郎：穿着时髦，外表光鲜亮丽却性格粗暴，无教养，把公共设施当成出气筒。"我"：面对公共设施被破坏时，心里有所触动，力所能及的事情却犹豫不行动的人。小女孩：天真活泼、善良努力，传播着正能量。结尾点明"我"对比小女孩行为，感到愧疚、深受感动而表现出对这种正能量的赞美之情。作者就是通过添枝加叶，多问"怎么样""什么"对人物的外貌、心理、语言、动作进行了生动地描写，抓住小女孩"做好事"这一重要动作进行详细分解，写出了人物活力，表现了对正能量赞美的主题。

（插图：汕头市聿怀初级中学　许秋妍）

笔端诉心意，言行表心声

汕头市聿怀初级中学　蔡尉洁

心理描写，是指对人物在一定的环境中，围绕客观事物而产生的看法、感触、联想、潜意识等思想活动的描写。恰当的心理描写能揭示人物的性格特征，反映人物的思想变化，推动情节的发展，深化文章的主题。

都德的《最后一课》中对人物进行心理描写时，成功地把景物描写、细节描写、人物行动描写与心理活动紧紧地结合在一起，把小弗郎士的所见、所闻、所为、所感融为一体。小弗郎士从怕老师到爱老师，从贪玩无知到珍惜学习的机会，从没有民族意识到心中植下爱国的根，作者细致刻画人物一系列的心理变化，呈现了小弗郎士的觉醒过程，从而表现了悲壮的爱国主义主题。

常见的心理描写的方法有直接叙述法、内心独白法、梦境幻觉法、环境烘托法、动作暗示法、神态表现法。

我们以下文为例，看看如何把心理活动写得具体、细致、真实。

触动心灵的素描课

汕头市聿怀初级中学　陆筱欣

作为一个从小热爱画画的孩子，我的笔就像盘古的阔斧，开辟出了色彩斑斓的天地。但随着年龄的增长，我需要学习只有黑白两色的素描，它的枯燥使我兴趣大减，差点止步不前，幸得那节触动我心灵的素描课，让我重整行装，在画画的道路上继续前进。

抱着对已解散的画画班的眷恋，我踏进了那个没有往日欢笑，只有黑白两色的世界。每个人都在静静地画着素描，这使我格外不适应，对以前那个充满嬉笑的画画班也倍感怀念。（作者直接叙述初到新画室的不适应，"眷恋"和"怀念"其实是下意识的逃避心理。）

上课了，我拿着画板坐到了一个角落，这时的我就像从天堂一瞬间掉进了地狱一样，没有人告诉我要做什么，我只得盯着那些白色的石膏像，手不停地转着笔，任凭时间一点点地流逝。（内心的胆怯通过动作自然流露。）

老师看见我在发呆，便走了过来，说："我先教你几个步骤。你先找比例关系，再打稿，一定要找准，不然一步错就会步步错。最后线要拉直，不要一小条一小条的，很难看。"我似懂非懂地点了点头，埋头画了起来。可我的笔不听我使唤，画出的直线像接近衰竭的心电图，我擦了又画，画了又擦，却迟迟没法画好。阳光透过玻璃窗把白色的石膏像照得明晃晃的，让我觉得眩晕。我甚至开始怕那乳白色的石膏像，我觉得它就是我绘画道路上的绊脚石，是我永远过不去的坎，以前那个五彩缤纷的绘画世界变得灰暗起来。（动作暗示、环境烘托和心理幻觉相交织，充分渲染出"我"内心对新课程、新环境的畏惧，为下文"触动心灵"充分蓄势。）

老师似乎觉察到了什么，拿着他那大大的画板坐到了我的身边挥舞着自己的笔，"唰唰"几笔，那洁白的纸就已经出现了一个轮廓清晰却又不乏质感的石膏画。老师将画放远告诉我："你要大胆，落笔干脆利落。不能怕，怕是画不出东西的。"

听着老师的话，我鼓起勇气，一笔一笔地画了起来。每一步都非常坚定又认真严谨，同时我也开始期待老师画后的点评。听妈妈说这位老师教素描很多年了，应该对我会有很大的帮助吧？他能不能把我教好……

我终于把画画好了。我怀着期待的心情，拿着画来到了老师身旁。老师看着我的画点点头说："结构把握得很好，只是画得太小。你一定要大胆地画，不能蜷缩自己，害怕只会让你一事无成。你如果不去做，又怎么知道你能不能成功？"

我是服气的。老师的点评触动了我的心灵，他说得对：什么事都要大胆尝试。明知道前面就是南墙却还是要一头撞上去，你不去撞，又怎么会知道墙那头的世界呢？（写老师的点评、鼓励在"我"内心的回响，将被触动瞬间的心理感受具体明确地表达出来，揭示文章主旨。）

（插图：汕头市东方小学　佘洪艺）

片言显个性，只语见情感

汕头市第十二中学　林文婷

鲁迅先生曾说过："如果删掉了不必要之点，只摘出各人的有特色的谈话来，我想，就可以使别人从谈话里推见每个说话的人物。"可见语言描写是塑造人物形象的重要手段。成功的语言描写总是鲜明地展示人物的性格，生动地表现人物的思想感情，深刻地反映人物的内心世界，使读者"如闻其声，如见其人"。

在《陈太丘与友期行》中，友人和元方的性格、年龄不同，语言表达差别就很大。友人的"非人哉、与人期行，相委而去"一句，体现了他自私、无礼的性格以及见到陈太丘独自先走的愤怒。而元方毫不客气的一句"日中不至，则是无信；对子骂父，则是无礼"则体现了小孩的童言无忌和他正直的性格。好的语言描写不需多，片言只语，也能展现人物个性和思想感情。

下面一位同学的作文，就很好地运用了语言描写。针对爷爷、孙女、村民，尤其是其中一位性格比较"尖酸刻薄"的村民，她所选用的语言精准到位。爷爷的语言很好地体现出他的宽厚慈祥、谦卑低调，孙女的童言童语"他们，他们太坏了"也很符合她的年龄特点。作者在描写"尖酸刻薄"的村民时，则更多地运用"啧啧啧""哟"等口语来加强语气表达。

我的爷爷

汕头市第十二中学　林曼可

今天这个故事的主人公是一位白发苍苍的七旬老人。这位老爷爷，儿时因为贫穷而失去了读书的机会，等到年老了，有条件读书了，却老眼昏花，字也认不清了。这便成了他心头的一件憾事！

直到有一天，他突然冒出来一个想法，对他的老婆子说："我虽然没办法读书了，可孩子们可以呀！既然我现在有能力了，何不资助一些跟我一样因贫困而读不起书的儿童呢？"

说了就做！于是，他马不停蹄地开展了资助工作。这件事除了家里人和帮他联系不幸孤儿的几位村委会干部，无人知晓。村委会答应帮他保守这个小秘密，只是给他多分了半亩地作为奖励。

"半亩地，这多好呀！"他欢喜地说；"这下，我有更多的资源可以帮助那些孩子了！"他兴高采烈地接受了。

但是他怎么也想不到，就是这多出来的半亩地，可让村民们眼红了！一时间，流言四起。大家都在私底下悄悄议论着：

"他怎么会多了那半亩地？""哼！肯定是帮着村委会那群人干了什么见不得人的勾当！""哎，知人知面不知心呀……"

甚至有一个尖酸刻薄的村妇说："哎哎，我可是听说了，他答应了村委会主任，要把那在读大学的大孙女给他做媳妇儿呢！啧啧啧，这人为了钱财，连亲孙女儿都能卖了哟！"

连他的老友们，也渐渐疏远了他。

每当小孙女问起他最近怎么不去老友那喝茶叙旧了，他也总是说："他们要带孙子，忙着呢。等过阵子，过阵子爷爷带你去玩儿。"

他的老婆子却怒其不争地骂道："有啥好忙活的，还不是怕被你这臭名声连累了！别人都不搭理你了，你还帮人说话！"

他摸着头嘿嘿笑，说不出反驳的话来。

面对流言蜚语，他可以左耳进右耳出。小孙女可受不了了。她握着小拳头，愤怒地问："爷爷！你为什么不制止他们！事实明明不是那样啊！"

他慈祥地摸了摸孙女的头："娃儿，乡亲们正在气头上呢。现在去说，会有人信吗？没事儿的，过阵子就好咯。"

小孙女急了："可他们，他们太坏了！"

他笑着叹了口气，"乡亲们只是误会我了，没有恶意的。不能别人误会了，咱就对别人不好呀。那样咱们不也成坏人了？是这个理不？"

他的手很粗糙，脸上舒展的皱纹却很慈祥。

哎，这个好脾气的老人。不管村民们给他泼了多少脏水，他却依旧友善地对待他们。农忙了，看谁田里有干不完的活儿，照样帮忙；秋收了，看谁家里缺粮食，照样送去。

渐渐地，村民们的谩骂少了，好奇却多了："这半亩田，到底是怎么回

事呢？"

直到那天，少有外人的村子里，突然多了几个陌生的年轻小伙子。他们一脸急切，逢人就打听他的下落。

原来，是被他资助的几个孩子，考上了大学。特意寻了地址，要来感谢他。

村民们这才恍然大悟，不禁都为曾经的误会感到惭愧。

而最让人羞愧的，是他那自始至终友善的态度。无论面对怎样的谩骂，他都宽容大度，友善待人，始终如一。

他，就是我的爷爷。他虽然年过古稀，但是慈祥宽厚的性格却一如往昔，这性格影响着我，也慢慢地在影响着更多的人。我以我的爷爷为傲。

（插图：汕头市金珠小学　肖堰）

妙笔巧勾画，绘形兼传神

汕头市聿怀初级中学　陈少端

外貌描写，也称肖像描写，是对人物的形貌特点（包含容貌、衣着、神情、体形、姿态等）进行描写，以揭示人物的思想性格，表达作者的爱憎，加深读者对人物的印象。

外貌描写的总要求是：根据需要，抓住特征，绘形传神，刻画性格。具体运用时应注意：①需根据情节发展的需要及表现人物的需求，去刻画人物，切忌面面俱到。②需符合人物的身份、性格，由外及内表现人物的经历、思想、气质。③需按照一定的顺序，如由远到近、整体到局部等。④可采用大笔勾勒，勾勒整体，明确轮廓；也可采用工笔细描，特写突显人物精神面貌。

原来，那不一般
汕头市聿怀初级中学　余婕莹

初醒的街道，甫暗下的路灯仍有昏黄色的光，早餐店的招牌还没有挂起。拐弯处的巷子里，干瘦、矮小的烧水身影已早早地出现了。那，是个不一般的身影。（远处简笔勾勒，环境点染。）

一个凉棚、两张老旧的长条桌、一把藤椅，其中的一张桌上摆着搪瓷茶缸，茶缸下面的水泥地上还留有未干的水迹；另一张桌上摆着大锅，里面摆满茶杯。门上贴着张红纸条，"喝凉茶不收钱"几个歪歪扭扭的大字在红纸的映衬下异常醒目——这个凉茶摊，干净而质朴。

经营凉茶摊的，是一位身量矮小的八旬老人。他的脸上没有肉，仿佛罩着一层青黄色的薄皮，身体又瘦又直，像根单单细细的蒜苔，走起路来一瘸一拐的。我与同龄的孩子们，总是肆无忌惮拉长着声调，唤他一声："瘸老李！"（由远及近，由粗到细，从整体上采用工笔细描绘人物的形貌，人物形象逐渐丰满。）

他像是不介意似的，颧骨高高地扬起，露出一口参差不齐的黄牙，憨厚地对我们笑着。这个笑容，也总是出现在他的茶客面前——三轮车师傅、买菜老人、各种拉车摊贩、晨跑者等数不清的人，都是他的茶客，大家喝着、灌着，彼此谈笑着。每当此刻，他两座远山似的浓眉下，被岁月的沧桑深深埋藏了的眼睛便会变得极为有神，透着一股祥和欣慰，仿佛在无声地告诉人们，什么是最质朴的幸福。（随情节发展，自然穿插外貌描写。由之前的整体描绘，转入局部的工笔细描。作者通过颧骨、黄牙描绘老人的笑容，用浓眉、眼睛描绘老人

的神采，有序地描绘再现人物形象，突显人物的质朴、憨厚。）

　　渐渐地，我们开始亲近起老李。每日放学，在小巷奔跑穿梭着，总会经过他的凉茶摊，喝上那么一碗凉茶。老李总是笑着，拿着蒲扇在一旁烧着水。待锅里的水沸腾，吃力地抬起，他紫黑色的脖颈上青筋暴露着（穿插外貌的细节描绘），硬是铆足了劲踉踉跄跄地搬下热锅，把沸水缓缓地倒进茶缸。又从破格子布包里拿出一张小纸条，指了指上面的字迹，喃喃道："薄荷、甘草……""老李，可以吃茶了吗？"我们忍不住地问道。"你们先候着啊。"他满脸憨笑，远山似的浓眉舒展着（再现细节描绘），又往缸里探了探，"再加点糖块……嘿！可以尝尝了！"大家闻声凑了上来，半信半疑地啜饮一口，却不再是往日苦口的凉茶，而是甘甜的，且齿颊留着清凉。我们惊喜地缠着老李再来一碗，须臾，静谧的巷子里响起他爽直地应声："好嘞！"一碗碗凉茶进入肚中的惬意，真是不一般！

　　待至夕阳西下，大伙都赶着回家吃饭。眼前浮现着的，仍旧是那不一般的身影。老李用水浇灭了红碳，细细地清理着煤炉里的余灰，将茶桶里的凉茶倒掉，把所有的桶、锅和不锈钢支架整理好。一切收拾完毕后，戴上草帽，佝偻着腰，双手插进口袋，干瘦的身子在风中晃动着，疲惫地拖着右腿，踏上了

回家的路。夕阳将他的背影无限地拉长，苍老而伶仃。（再次渲染环境，渐行渐远的背影再现人物整体形态，定格形象。）

他向巷中走去，可以清晰地听到自己的足音，不高不矮的围墙挡在小巷的两边，平凡的凉茶摊里，原来，这个不一般的身影，是个不一般的——善良朴实的老人。

点评

小作者创作的灵感来自家乡里一位免费供应凉茶的老人，他免费供应凉茶已经十几年了。每个清晨，他总是早早地准备好茶包，烧好开水，等待茶客的到来。小作者在还原生活的同时，巧妙地穿插人物的外貌描写，通过人物自身的活动、多次对人物进行描绘，层层勾勒贯穿成线，形神皆备地塑造了一个憨厚质朴的老人形象。

（插图：汕头市聿怀初级中学　陆筱欣）

描人物神态，添文章光彩

汕头市金园实验中学　何益秀

神态是指人物脸部的、细微的表情变化。神态描写与人物外貌、语言、动作描写等结合得相当密切，独立性较弱，但表现力却很强。冰心的《观舞记》结合舞者灵活多变的肢体动作，描绘她时而"双眉颦蹙"，时而"笑颊粲然"，时而"侧身垂睫"，时而"张目嗔视"的神态变化，极具画面感，使读者如临其境。《窃读记》里林海音"装着皱起眉头，不时望着街心"的样子，《皇帝的新装》里老大臣"把眼睛睁得特别大"的神情，满满的即视感，唤起你我的生活体验，可谓是神来之笔，写尽人生百态。

初中生练习写人的作文，可尝试在神态描写上下点功夫，其方法是：分解细节、运用修辞、借助想象、采用衬托等，于留心处收获惊喜，给文章增添光彩。

下面是学生的一篇成功习作。

那一抹微笑

汕头市金园实验中学　刘俊杰

总有些故事，能触动心灵；总有些时刻，令我难以忘怀。而那一抹微笑，让我深深感动。（简洁入题。）

犹记得那是在一个课间，作为科代表的我来到老师办公室搬作业。一进门，望着桌上那65本练习册，我有点发怵，更多的是犹豫。窗外来来往往的人，似乎没有一个注意到我，鸟叫声叽叽喳喳。"算了，自己搬吧！"我把练习册狠狠抱了起来，掂了掂重量，腿分明有些软，两只手仿佛被一块巨石压在下面。我强忍着，硬是想把它搬到教室里去。（交代事发原因。）

去往教室也就那么几步路，可我第一次感到漫长。每一步都迈得那么沉重，估计我的脸已是扭成苦瓜。而练习册不但不听话，还在我手上跳起了摇摆

舞，每走一步它就晃几下，天上的云儿仿佛在我眼里打转，为此我只能愈走愈慢，路仿佛越走越长。（真实的内心感受，为下文老师的"善意一扶"，特别是"温和一笑"做铺垫。）

忽然，不知是哪个追逐打闹的同学蹭了我一下，练习册摇得愈加厉害了。本子眼看着要从手中掉下去！我紧皱眉头，目不转睛地盯着手里的练习册，抿嘴咬牙，心都快跳出来了。"完了，肯定会散落一地！"我试图闭上双眼，不忍看那一惨幕。只是就在那一瞬间，时间仿佛定格了：我的视野里出现了一双大手！恰巧从我身旁经过的个子不高的政治老师，用他那一双有力的大手扶住了练习册！（紧急态势，笔锋巧转引出神态描写。）

我抬起头来，只见老师嘴角上扬，朝我微微笑了笑，那一刻，鸟儿们仿佛停下了鸣啭，流云也歇下了脚步。和煦的阳光照在她的身上，那一抹微笑显得特别和蔼而温暖，它还像一个彩虹色的棉花糖，给人以甜蜜让我舒心开怀。她那因笑而起的嘴角纹路好似湖面荡漾的涟漪，加上那双眯缝的眼，由内而外地透露着一份温和。（分解"微笑"这个神态，运用环境描写衬托，借助比喻对象"棉花糖""湖面涟漪"从感官上写出个人的直接感受，引发美妙的联想，从而极好地把"一抹微笑"写得充盈，富有神韵。政治老师温和的形象也跃然纸上。）

这一抹微笑，着实安抚了我那颗慌乱的心，平衡了我差点倾斜的世界。（适时议论，点出"这一抹微笑"带给我精神层面的作用。）

我也赶紧朝老师笑了笑，并由衷地大声说："谢谢老师！"老师也点头示意："小心点！"在她的帮助下，我顺利地把作业搬到教室并分发完毕。

我轻松地坐回座位，窗外微微的阳光洒在校园青青的草地上，又一节课的上课铃声已清脆地响起，可是我却仍然沉浸在老师刚才那一抹微笑中，并为此而深深地感动。（草地"青青"，铃声"清脆"，环境衬托"我"美好的感动情怀。）

政治老师在我心里的身影瞬间变得高大起来……（含蓄地对老师再次给予赞美。）

点评

文章选材贴近生活，细小真实，让人倍感熟悉，字里行间传递出一个初一学生的真实情感。作者对"那一抹微笑"的描写笔法细腻，在分解细节，借用比喻衬托，运用想象等手法上巧妙着墨，言语优美，充满情愫，让人真切感受到一颗沉沉的人文心，一份美美的师生情。

（插图：汕头市长厦小学　陈大有）

正面刻形象，侧面做烘托

汕头市第六中学　胡丽珠

正面描写是把人物的外貌、心理、语言和行动等方面直接描写出来，以此来表现人物性格、品行和技能的一种写法。侧面描写是通过对周围人物或环境的描绘，来突出所要描写的对象的一种写法。一般刻画人物主要还是运用正面描写，不宜喧宾夺主地过多使用侧面描写。但有时恰当地借助一些侧面描写，可起到正面描写无法替代的艺术效果。总之，如果能恰到好处地把正面描写和侧面烘托结合起来，就能实现更完美的人物刻画。以下是汕头六中的吴紫妍同学的习作。

爱上语文爱上您

汕头市第六中学　吴紫妍

她，个子高挑，长发微卷，红色镜框后的眼睛总是神采飞扬。我们印象最深的，是她的嘴巴，能说会道幽默逗人，常使我们开怀大笑。上初中时，我们第一个爱上的就是我们可亲可敬的胡老师。（开门见山，先正面刻画胡老师的外貌特征，再通过"印象最深""开怀大笑""第一个爱上"等，侧面烘托胡老师的魅力。）

她刚来的时候，既没开口，又没动笔，就巧妙地送给了我们一份"见面礼"。只见她站上讲台，不露声色地打开课件后，就问我们："有谁知道我姓什么吗？"这可是我们第一次见面啊，同学们简直莫名其妙。突然有一同学说："我知道，您姓胡。"胡老师一听喜上眉梢，立马给他鼓掌，然后温和地问："谁知道他是怎么知道我的姓的？"同学们还是不知所以。这时胡老师示意那位同学揭开谜底，原来他是在胡老师的文件夹里看到的！这时胡老师又问："为什么他知道了，你们却都不知道呢？"借此，她用我们刚刚的经历告诉我们，生活中处处都需要我们多留心、多观察，并告诉我们，课堂只是小语

51

文，生活才是大语文，只有做生活的有心人，才能真正地学好语文。这种创设情境让我们切身体会的教育，谁能忘得了呢？（作者通过神态、动作、语言等正面描写刻画胡老师的形象，用真实具体的事例表现胡老师别出心裁的"见面礼"，给同学们留下了深刻的印象。）

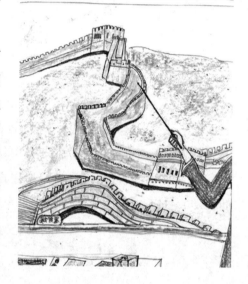

她在给我们讲北京长城时，我们仿佛跟着她拾级而上，争当好汉。在她激情昂扬地讲解中，我们学会了先描写眼下名胜，再联想人民智慧，"一实一虚"地写历史悠久的名胜古迹。她在给我们讲桂林山水时，我们仿佛和她荡舟漓江，画中畅游。在她生动传神地讲解中，我们学会了先写山，再写水，"一处一处"地写山清水秀的自然风光。她在给我们讲钱塘江大潮时，我们仿佛置身江边，看潮水汹涌，听潮声澎湃。在她抑扬顿挫地讲解中，我们学会了按"前—中—后"的顺序，"一时一时"地写雄奇变幻的伟大奇观。（这一组排比句，以"我们仿佛……"告诉读者，胡老师能引我们身临其境，以"我们学会了……"告诉读者，胡老师能让我们学有所得，从侧面烘托出胡老师讲作文课的精彩难忘。）胡老师给刚上初一的我们，重温了很多小学的名篇佳作，我们在课堂上跟着她游遍山川湖海，学会各种写作技巧。您说，这样的语文课谁能不喜欢？这样的语文老师谁能不爱她？每次路过操场，看到胡老师的照片挂在学校"优秀教师栏"中，我的心里总有一种小得意！（这一段由具体到概括，由叙述到抒情，正面描写和侧面烘托交替进行，生动表现了老师上课的功力，表达了作者对老师的喜爱之情。）

上学期，胡老师声情并茂地给我们讲《秋天的怀念》，使我们了解了一位历尽磨难、以身为范的好母亲，也认识了一位感恩母亲、逆境重生的棒儿子。那一节课，情理交融，动人心弦！看到全情投入的胡老师眼角有泪光闪动，我们也忍不住热泪盈眶，我们仿佛突然长大了，我们懂得了母爱的无私与伟大！我们懂得了"前面是绝路，希望在转角"，我们把"好好活"三个字深

好好学习

深地刻进心里。原来，语文的世界里，不只有字词句段篇，还有仁义礼智信！（前一段写"观山水，授技法"，这一段写"悟人情，明事理"，由浅入深有层次。）

在您的语文课上，我们可以阅佳作，学技巧；我们可以看电影，学谋生；我们可以激昂朗诵，本色表演……敬爱的胡老师，有您引路，我们发现语文天地妙趣横生，语文世界博大精深！（由点及面，全方位展示出语文课的生动与丰富。）

我庆幸，我遇到了您；我相信，您会带我们遨游语文世界，感受无穷乐趣；我确认，我已经爱上语文爱上您！（抒情结尾，紧扣文题，再次表达作者对老师深深的爱。）

点评

这篇作文的可贵之处就是"写真事，抒真情"，"胡老师"和"语文课"两相兼顾，正面描写与侧面烘托相互结合，过渡自然，层层递进，由点及面，避开了"人云亦云、老调重弹"的毛病，成功地写出了自己是如何"爱上语文爱上您"的。

（插图：汕头市聿怀初级中学　严之艮）

虚实相结合，形象更丰满

汕头市第十一中学　谢丽如

什么是虚实结合呢？"实"，就是实写，是对人、事、景、物的直接描写，让描写对象直接走上前台，登台亮相；"虚"，就是虚写，是借助其他事物来烘托渲染要表现的事物，把对象隐藏在描写文字的背后，可以是借助想象、幻想等手段描绘出与现实世界不同的虚拟世界，表情达意。

课文中不乏运用虚实结合的例子，如朱自清先生的《背影》：文章先实写父亲月台买橘的背影——"戴着黑布小帽，穿着黑布大马褂，深青布棉袍"，在结尾又虚写"我读到此处，在晶莹的泪光中，又看见那肥胖的、青布棉袍、黑布马褂的背影"。作者通过读信，联想到父亲的背影，激发了情感，既表达了作者急切盼望再见父亲一面的思念之情，又突出了父亲的外貌形象和个性特征。

将虚实结合的手法运用到写人的记叙文中去，那么写实，就是描写人物的现实外在特点，客观性比较强；写虚，就是通过一定的方式，来表现人物并不存在或联想中的情况，主观性明显。虚以实为基础，实又往往需要虚来补充、衬托。虚实并呈，密切配合，使得人物形象更丰满，人物性格更鲜明。

虚实结合法的运用，不外乎两种情况：

一是通过观察者的心理作用，来感觉人物的形象特点，或夸大，或缩小，或褒赞，或贬损，形象刻画之中饱含着感情，给人以强烈的感染。

二是通过人物的回忆，来再现人物的形象特点，实际上是写实的部分在另一种情境下的重新出现，表达情感的同时加深读者的印象。

下面这篇习作，是通过现实和回忆的交错往来塑造形象表达情感，读来令人动容。

吹不散的炊烟

汕头市第十一中学　黄桂丽

　　每当暮色悄然降临的时候，不远处就会有一缕炊烟袅袅升起，还可眺望到一个站在灶前忙碌的身影……这是我记忆深处挥之不去的一幕。每当这个时候，我就忍不住叹息：久居城市，我似乎都要渐渐忘却了那记忆中炊烟的模样了。（首段写景起笔，扣住题目，由"炊烟"勾起对奶奶的回忆，这部分的"实写"，为下文的"虚写"做了很好的铺垫作用。）

　　炊烟，看似普通，却是乡村最原始、最古朴的风景，它因村庄而诞生，村庄因它而产生梦幻般的美丽。在那段陈旧的回忆里，故乡的炊烟是我心中最温暖的记忆。（作者围绕"炊烟"，自然地由写"实"转入写"虚"。）

　　在我看来，炊烟是特别的，它是家的方向，也是奶奶无声的呼唤。儿时，每当我放学回家，走在路上，远远地就会望见家中房子上空缓缓升起的炊烟。那一刻，我仿佛看到了奶奶在灶前蹒跚又忙碌的身影，看到了热气腾腾的饭菜，看到了奶奶淡淡的眼神中流露出的期盼。每次望着远处那缕飘摇的炊烟，我的心中是那么的安静而踏实，于是便加快了回家的步伐。现在想来，那散发着香味的记忆中的饭菜，和炊烟一样，至今仍温烫。（"蹒跚又忙碌的身影""热气腾腾的饭菜""淡淡的眼神中流露出的期盼"，构成了一个温馨的场景——儿时最温暖的回忆。这部分是写"虚"。）

　　当再一次踏上回家的路时，我走得很慢，明明很短的路，却花了很长的时间。不禁有些怅然，自己与家乡的炊烟已失去了往日的默契。我左顾右盼，寻找着记忆深处那熟悉的炊烟，但它却迟迟不见踪影。（镜头由联想回归现实，由"虚写"，又转回"实写"。）

　　踏过青石板铺成的墨色台阶，伴着几簇苔痕，我推开那扇厚重而又斑驳的木门，踩过院落里的一地梧桐叶，身后那破碎的叹息，轻得像谶语。

　　光滑的靠椅早已不见了奶奶的身影，

只有一只孤零零蹲在上面的蟋蟀。秋风带来阵阵凉意，我站在院子里，无言凝噎，感慨良多。小小的蟋蟀，在风中鸣唱，伴随着歌声掀开的岁月，引发我无尽的思念。（"实写"眼前所见之景，再次引出"虚写"——回忆部分。）于是，那拄着拐杖的颤巍巍的身影，在记忆里一遍遍浮现。清晰，却又仿佛隔着一层薄纱；模糊，却又似乎近在眼前，触手可及……（这部分的"虚写"，是由眼前之景——"实"，再次勾起对"颤巍巍的"奶奶的"身影"的回忆。）

记忆中那薄得像雾，又轻得似纱一般的炊烟，是特别的，是它让我始终离不开家乡，始终向往家的方向。它是我心中那吹不散的浓浓的亲情、故乡情，它像是一幅极不普通的绚丽画卷，定格在我的心中，永不褪色，永不消逝……（结尾运用比喻，将读者的思绪引回了现实，成功实现了由"虚"到"实"的自然转换，体现了小作者不俗的写作功力。）

（插图：汕头市长厦小学　陈彦宇）

点面相辉映，绿叶衬红花

汕头市聿怀初级中学　陈少端

　　在文学创作中，"点面结合"是以"个别"表现"一般"的形式出现的，是"个别"和"一般"在文学描写中的辩证统一。其中，所谓的"点"，指的是最能显示人、事、景、物的形象、状态、特征的详细描写，即对"个别"人或物的细致刻画；而所谓的"面"，指的是对人、事、景、物的"一般"性叙述或概括性描写，即可理解为对所要描述的场景做全景式的概括性描绘。

　　以《江雪》为例，诗歌开头两句"千山鸟飞绝，万径人踪灭"可谓是"面"的描述，诗人营造了一个飞鸟远遁、行人绝迹的荒寒寂寞的境界。后两句"孤舟蓑笠翁，独钓寒江雪"则采用"点"式刻画，在点面的辉映中，突显了渔翁清高脱俗、兀傲不群的精神内核。

　　学习这种写法，我们还可以从沈从文先生的《云南的歌会》中得到启迪。在"山野对歌"和"村寨传歌"中，作者皆是通过先概述情况，再结合人物特写的形式来展开描述，突出表现云南歌会其歌、其人的淳朴和灵秀。

　　简单而言，点面结合就是"点"的详细描写和"面"的叙述或概括性描写的有机结合。在创作中，多运用为：既要描述整个场面，又要突出主要刻画的人物、事物。

　　学习这种写法，有助于以"点"的形式，突出重点，体现深度，避免泛泛而谈；又可以以"面"的形式，顾及全局，体现广度，避免内容单薄。红花须有绿叶衬，绿叶也须有红花来点染。以下，让我们随例文来学习。

一次美丽的相逢

汕头市聿怀初级中学　陈佳虹

　　潮汕大地总是带给生活在这里的人们多姿多彩的生活，韩江欢快地流过这片土地，给这片土地带来了无限生机。

迎着炽热的阳光，端午节与潮汕人民见面了。早晨，随着鸟儿动听婉转的歌声，东边的山际露出了白光。健壮的男人们陆续来到江边，他们光着膀子，与自己的队友一齐谈笑着。（以"面"的描述，展开场面描写。）八点，一位穿着文化衫的老人站在一块大石头上，他激昂地宣布："龙舟比赛正式开始！"脸上的皱纹掩盖不了他那自豪、欢欣的笑容。（在这纷杂、热闹的场面中，选取一个特定的人物来展开较为详细地描述，点面结合突显节日的气氛，展现潮汕大地的勃勃生机。）话音刚落，壮汉们没有丝毫的停留，便跟着鼓的节奏整齐地划起桨来。

咚！嘿！咚！嘿！江边飘荡着笃定的鼓声，声声应和着壮汉们的呐喊声，江水也在奔腾着，跳跃着，高喊着。红色的那艘龙船最有气势，船桨跟着鼓点舞动，江水与桨一起飞扬。坐在最前排的男子留着寸头，身体黑黝黝的，上身的水珠闪烁跳动着，也分不清是江水还是汗水。他卖力地滑动船桨，好像浑身有使不完的劲！他的脸黑得发红，像龙船红红的龙头。

风奔跑着，迎着龙船奔跑着。寸头壮汉顶着风划动船桨，他从水中抽出桨，肱二头肌收缩，又迅速舒张，船桨猛地打向水中，又再次弹起，又插入水中。其他船也不甘示弱，纷纷加快了速度。鼓点急促起来，鼓槌击打着鼓面，砰砰砰！（上面两段，以鼓声、壮汉们、江水以及其他船的描述为"面"营造气氛，又于其中抓住红色龙船及最前排的男子作为特写，进行详细的"点"式描绘，两相映衬，表现比赛的激烈。）

有一艘船似乎求胜心切，节奏变得混乱，结果翻了船。江边的女人们看见都笑了，那不像是东北女子豪放地大笑，她们掩着嘴笑，清秀眉目间荡漾着笑意，让人们心如江水般怦动。

显然，红色龙船最先冲向终点，寸头壮汉夺下标杆。穿着文化衫的老人宣布比赛结果，男人们欢呼起来。寸头壮汉大步跨上岸，一个姑娘为他送上亲手做的绣花巾，顿时壮汉羞涩了，脸也涨得通红。

江水平静下来，人们庆祝着胜利，欢庆这美丽的相逢。

点评

同学们写各种纷杂、热闹的场面（如运动会、艺术节等）时，往往只注重于"面"式描述，场面虽然热闹，但缺少有深度地挖掘、刻画，人物大多不够立体、鲜明。本文作者灵活地运用"点面结合"的手法，对一场龙舟比赛进行描述，既聚焦镜头，突出了重点，又让读者身临其境，切身感受到了节日热闹、欢快的气氛。

（插图：汕头市聿怀初级中学　许秋妍）

动静巧映衬，形神兼有情

汕头市第四中学　郑绮瑜

动静结合是文学作品中常用的一种写景手法，往往是在一种意境里描写动态与静态，构成形象和意境的和谐统一。常见的方式有下列几种：

1. 化静为动

如鲁迅《社戏》中"淡黑的起伏的连山，仿佛是踊跃的铁的兽脊似的，都远远地向船尾跑去了，但我却还以为船慢。"作者赋予山以运动，让群山在两旁飞驰，看众岭在身后惊奔，呈现出一种轻快的律动。这种写法常常是为映衬作者心情的起伏变动，一般会运用拟人、比喻、夸张等修辞手法做辅助，形静而神动，表情达意更含蓄委婉。

2. 以动衬静

以动衬静的手法重在一个"衬"字，一般是为渲染意境的清幽。作者运用了动态词句，不仅不影响整体氛围，反而更有力地反衬出环境的清旷或寂静。如《口技》中"微闻有鼠作作索索，盆器倾侧"一例，或《鹿柴》里"空山不见人，但闻人语响"都是这样的典例。

3. 动静结合

同时描写静态和动态的事物，让静景、动景相辅相成，相得益彰，相映成趣。如《小石潭记》和《与朱元思书》两文中空游的鱼儿、下澈的日光、急湍与猛浪、碧水与底石，无不在动静的和谐映衬中愈见形之美、神之活，也触发了作者情感的自然流露。

下面就学生的例文做简单点评。

奔跑吧，青春

汕头市第四中学　郑秋雅

赛道边枝叶扶疏，几株榆叶梅迎风娇展，枝丫间星星点点的粉红让人怦然心动。不过，此时正准备参加校运会60米短跑的我无暇顾及身边的美景，看着前面一组同学跑向终点，我心中的鼓点渐渐敲了起来，包裹着棉袍的我像个粽子，一丝儿也迈不开脚步。（心中鼓点急敲与行动费劲的尴尬，在动静相衬中表现了人物内心的紧张不安，也暗示下文的失利。）

　　到我们这组了，在我眼里，周围一切仿佛变成了慢动作：裁判把哨子慢慢举起，嘴巴慢慢张开，世界也屏住了呼吸，一切都在我眼中无声地播演着，（以静写动，用静态化场景，渲染开赛前一秒如箭在弦的紧张气氛。）单单只有我的心跳声响彻耳际。（此句以动衬静，夸张极写心跳之声响剧烈，为的正是反衬四周的安静，既是上一句的补笔，又能表达此刻心中的焦灼。）下一瞬，一切又回归现实，裁判嘴里的口哨发出响亮的口令，秒表迅速被启动，对手们仿佛一只只兔子似的"咻——"地蹦跃而起，疾奔向前，（动态的刻画，声影俱现。）而我呢？我却摆着穿着棉袄的沉坠的手臂，落在了最后头。我瞅见边上的榆叶梅那点点星光优雅地在朝着我的反方向散着步。（这一处景物描写化静为动，作为参照物的榆叶梅在散步，不正映衬出我跑步时的状态之慢吗？用"优雅"一词也有反讽自嘲的意味。）

　　我心急如焚，竭尽全力地奔跑却还是与对手们拉下了越来越远的差距，我知道我肯定是追不上去了。我真后悔，为了保暖，我舍不得脱下棉袄，臃肿的衣着影响了我的正常发挥。那么我要停下来吗？可我正代表着班级参加比赛呀！算了，丢脸就丢脸！不管了，豁出去了！于是我硬着头皮，尽我最大的努

力跑到终点，当然奇迹没有出现，我得了小组的最后一名。

　　走下跑道，我的身边忽然涌出来好多人，他们在对我殷切低语着什么，可是那时我只听见有人啜泣，正纳闷是谁，结果发现原来是我自己……（以动衬静，大家的安慰声，在我的啜泣声中被按下了静音，写出当时的失落难过被无限放大时，世界也被我屏蔽了声与影。）花叶安静地谢了幕，斜阳下的树影也不再婆娑摇曳了，（化静为动，移情于物，表达内心的伤感。）一切都被我按下了停止键，只有血液中流淌着不甘与自责……

　　不知安静了多久，一句话从耳际传来："这并不是你真正的实力，别难过了，毕竟你参与了。而且我们都看到你中途并没有放弃，坚持跑到了最后，你已经很棒了！"原来是好友，她一直轻抚着我的背，我的中枢神经慢慢觉醒，混沌的脑子也渐渐明晰了——是的，至少我坚持到了最后，下次我要剿除自大轻敌的麻痹思想，我会再为班级也为自己用心跑一次。至少我还年轻，还有那股不服输的劲儿！

　　映着脉脉斜晖，我们一起默契地哼唱起来——"使命昭辉，坎坷有泪，你让生命青春无悔……"

点评

　　内心的情绪波动，必然会影响自身对外部世界的耳闻目见，本文作者便是捕捉到这种细微之处的心理感受，通过动静的互补交衬细致表现出特定情境下的情绪变化，同时也渲染了场景的气氛，推动了情节的自然发展。

（插图：汕头市金园实验中学　颜潞）

（插图：曾广琪老师美术工作室）

情与景相生，景与情交融

汕头市聿怀初级中学　蔡尉洁

　　七年级下学期学习的课文《紫藤萝瀑布》是写景抒情的名篇，文章中描绘了紫藤萝辉煌的色彩所形成的气势与活力，状写紫藤萝新生后的生命繁茂与蓬勃，回溯紫藤萝命运的变迁，由花儿自衰到盛的遭遇，感悟到人生的美好和生命的永恒。情与景相生，景与情交融，立意高妙，情思隽永。

　　写景抒情，贵在立意。所写景物，对所抒之情起着规范作用，情与景要相互融合，才能共同为文章的立意服务。我们以下面这篇习作为例来谈谈在情景交融的过程中，"意"应当怎样起到统摄的作用。

那儿，冬暖花开

汕头市聿怀初级中学　黄思齐

　　周末，我又兴奋地跟着父母回老家了。现在已经是十一月份了，按理应该是冬季，可是那儿的冬天却漫不经心，姗姗来迟。凉里带暖的北风犹豫不决地吹着，让人捉摸不透。（拟人的修辞手法，形象地写出了"那儿"的气候特点。）就在这样迷离的季节里，让我感受到一种春天般的勃勃生机！（末句让人联想起"忽如一夜春风来，千树万树梨花开"，有"妙手回春"之功，统领下文。）

　　老家的房子有四层高，红砖、绿砖砌成的墙壁，土气十足。爷爷奶奶喜欢住楼下，我则一贯喜欢四楼。上午九点钟的时候太阳猫着身子，从朝南的窗户斜闯进来，撒下一地板柔软的橙红。窗外，早该枯黄飘落的树叶绿得养眼，固执地挺立在枝头上，随风摇曳成层层绿浪，叫人恍惚，以为是置身在生机盎然的阳春三月。推开北面的窗门，盛开得密密麻麻的紫荆花直扑眼前，像撑开了的一把把粉红色的伞，像粗心的画家泼了一纸红墨水，好一片无边的花海，真是美不胜收！（阳光的鲁莽，树叶的固执，紫荆的爽朗，作者用巧妙的修辞使笔下景物情态毕现，暖暖春意溢出于纸面之上。）我的脑海里闪现出一个不合逻辑的词——冬暖花开！也许是怜香的秋天迟迟不肯归还夏花，也许是爱美的冬天提前借来春色装扮自己，也许没有"也许"，因为特别的芬芳原本就属于特别的季节！（议论，赞美暖冬的"春意"，突出特别的季节之美。）

信步走在午后的乡间小径，两旁繁树成荫，记忆中的落叶满地未曾出现，偶尔一两片翩然起舞，竟成了特立独行的侠客，引来千般羡慕的目光。径上时不时的人来人往，悠着的、忙着的、聊着的、玩着的，各得其乐。只是这千姿百态的人们，却有着共同的着装——短裙、短裤、短袖，仿佛大家私下里商量好，在这特别的冬日里，开一个春天的玩笑。多么惬意呀！反常的季节竟然有如此反常的美！（侧面描写，以人们的悠闲神态及清凉着装衬托"反常的季节"和"反常的美"。）

不觉已近黄昏，我站在田垄上，一阵凉风吹来，倍感清爽。可心里依然盼望着秋去冬来，让凛冽渗透温暖的大地，让久违的冰凉冷却人们焦躁的心田。雪莱说："冬天来了，春天还会远吗？"所以啊，冬天不来，春天怎么能近呢？（前面都在铺张渲染"冬暖花开"之美，这里的抒情议论却悄悄地走了调，对冬天的反常意有不足，情与景脱节，模糊了文章的主题。）

盼望着，盼望着，冬天的脚步声响些，再响些……

点评

这篇文章抓住"那儿"冬季温暖如春的特点写景状物，清新灵秀，文采斐然。但因为立意不明确，造成了景物描写与生活感悟不相融，作者对景物的认识、感受，未能转化成有益的启示，因而降低了文章的水准。"冬暖花开"是自然景物的反常之美，可由此及彼展开联想，"谁道人生无再少，门前流水尚能西""自古逢秋悲寂寥，我言秋日胜春朝""世人甚爱牡丹，予独爱莲"等等，何尝不是生活态度的反常之美？顺着这样的方向深入思考，提炼出与景物特点相契相合的生活感悟，明确立意，才能达到"情与景相生，景与情交融"的艺术效果。

绘灵动之景，抒诚挚之情

汕头市聿怀初级中学　陈少端

若说《春》是一曲鸟语花香的小调，那么《济南的冬天》就是一幅素妆淡雅的国画；若说《春》是花枝招展的少女，那么《济南的冬天》则是慈眉善目的老者。两篇美文用不同的文辞笔调，描绘出各具特色的风景名篇。

平常同学们写景，往往千人一面，乏善可陈；陈词滥调，缺少新意；或者单纯写景，缺乏生活气息，让人审美疲劳。而《春》则是多姿多彩而富有个性的，《济南的冬天》富有情味而别具一格；在江南之"春"的生机盎然中与"济南的冬天"小摇篮般的温情里，注入的是生命生活的气息，是真挚的情感；读者仿佛也能徜徉其中，全身心地调动起自己的感官、想象，尽情地享受大自然的美好与爱抚。

毋庸置疑，写景要抓住景物的特点、特色，写出个性；要按照一定的顺序，多角度地调动感官，巧用修辞，聚焦画面，绘声绘色地去勾勒一幅幅图景，并注入真挚情感，展开想象，使情与景交融。

而值得一提的是，动静结合、正侧面相结合、以人衬景的写法，往往能使所写之景更显灵动，增添写景文章的生命和生活气息。

下面是七年级学生创作并修改的一篇习作，让我们一起来瞧瞧其写景手法的运用：

记忆深处最美的画面

汕头市聿怀初级中学　林艺纯

习惯了城市的风景，那年炎夏，我们决定去江岭婺源瞧瞧。

清晨，我们到达了目的地，村庄很安静，没有人打扰，可以独自在微微凉风中静静地享受或发一会儿呆。江岭客栈的老主人说昨夜刚下了一场不大不小的阵雨，一早会出云海。天刚蒙蒙亮，借着晨曦，我一口气登上了山顶，好一个江岭的云海呀！广阔的云海或翻江倒海，雷霆万钧；或温文尔雅，含蓄矜持；变幻万千，美不胜收，极为奇妙壮观，我被这云海景色所吸引了。人们都说江岭是天上人间，我想，正是因为这浩瀚的云海吧！（作者抓住景物特点，聚焦画面，巧用修辞，描绘了江岭云海图之灵动，抒发其诚挚情感。）

下山时，天空比刚才还要晴朗，山体变得更绿，梯田如链似带，高低错落，是那么壮观！云飘在山头上是那么秀美。山脚下的林子里，空气中似乎还残留着春的气息，又混杂着木香、草香、土香，沁人心脾。太阳缓缓上升，可谓"初日照高林"，透过叶片留下几缕阳光。村庄渐渐醒了，白墙黛瓦，炊烟袅袅，原本寂静的小村庄传来一声钟鸣，农家的公鸡相继啼唱，树上的鸟儿鸣声上下，清澈的山泉水应和着，奏起一曲曲动听的歌。农田里，人们唱起民歌，歌声中充满活力。小草打起精神，显得更加翠绿。几个孩子跑着、跳着、捉弄着躺在草坪上睡着了的伙伴，欢笑声不断。（作者调动各种感官，按照游踪由上至下，看似所写之景繁多，实则是正侧面相结合、动静相融合来写山、林、村庄，描绘出一幅灵动的山林村居图。）

正午，太阳烘烤着大地，一棵棵老树挺直了腰杆，撑起了一片片荫蔽的好地方。人们在树荫下悠闲自在地下棋，老奶奶摇着蒲扇，给孩子们讲故事，眼神中充满着慈爱。风轻轻地抚摸着他们的额头。（情景交融，风土人情皆成灵动的风景线。）

　　傍晚夕阳，是最美的画面！

　　在哪里看夕阳才最美呢？孩子们拉着我爬上了一处小丘。小丘很平坦，瞧去，遍地的野草、野花，还挺立着一棵大树。伫立凝望，面对着一片田野，再过去是一望无垠、连绵不断的山。那是太阳的归宿吗？

　　"好美啊！"我们坐在树底下，夕阳像母亲的手抚摸着我们的脸颊，抚摸着大地，如此温柔。同时，也把中午的那份炎热消除了。她就像母爱一般温暖着我的心灵，微笑着，眼神中透露着慈爱，缓缓消失在山的那边。（巧用修辞，展开想象，以动写静，情景交融。）

　　我的心久久不能平静。在城市里，夕阳总让我感觉是遥不可及的，却从未给我这么大的震撼！我静默着，遥想城市的喧嚣，记取此刻的静好——江岭婺源的美，将永远成为我记忆中最美的画面！

（插图：汕头市大华路第一小学　林曦贤）

景心若璧合，文章情更浓

汕头市嘉顿学校　蔡树升

　　初中生的习作中人物心理活动描写一般都过于"简单粗暴"，虽然行文中有人物心理活动的刻画，但常是顿悟型的"一次成像"式的心态描写，缺乏必要的铺垫。人的内心情感是复杂微妙的，我们描写心理活动时须有层次、有渐变、有波折，这样才显得真实，尤其是"突变"之前总有种种诱因，需要我们做好铺陈。

　　在这个时候如果我们能借助环境的变化，来渲染特定的氛围，使环境描写为故事的发展推波助澜，把景物描写与人物心理描写紧密结合起来，烘托人物思想感情的变化，就更能升华文章的主题，使作者要抒发的情感变得更加浓烈。

　　下面我们通过一篇习作，来直观感受在行文中，"景心若璧合，文章情更浓"的运用。

生活需要阳光

　　连续半个多月的阴霾天气，开始叫人脸上显露出沉郁之色，心情似乎也跟着低沉，一直沉，仿佛快要沉到万丈深渊里。（景物描写，借景抒情，阴郁的天气搭配阴郁的心理让人期待阳光。）

　　最近这段时间，铺天盖地而来的，是老师口中奔腾不息的知识传授和谆谆教导；成天弥漫的，是父母无微不至的关注和泰山之势的压力……这所有的一切都与这段时间的天气一样，阴森沉闷，让我的身心包裹得紧紧地，难以动弹，也懒得动弹；我就像一棵缺乏阳光的小草，总在清晨的第一刻，期待有一缕阳光能将自己救赎，能让自己重获生命的力量。（欲扬先抑，作者阴郁的心理状态继续加强，为下文营造气氛。）

　　终于，我这脆弱的躯壳还是承受不了这重重的阴霾，在考试前的一天，

卧病在床。我躺在床上，呆呆地望向窗外，望向那阴沉的天空，我还是没有放弃，我总希冀着自己的目光能穿透这厚厚的云层，追逐到云层背后的灿烂阳光……（记叙缘由，景物描写还在延续，但心理状态开始有了冲突，表明渴求。）

迷迷糊糊中，恍恍惚惚之间，我看见了一个熟悉的背影，她在轻手轻脚地帮我收拾杂乱无章的书桌，她是不识字的，所以她只能把本子差不多大小地放到一起去。收拾好书桌后，她又继续为我整理我好长时间都没整理的邋遢的房间，这应该是一件浩大的工程，既需要体力又需要智力。（细节刻画，展现人物形象。）

母亲坐到了床沿上，伸出手来，轻轻地抚摸我冰冷的脸和额头，高烧退了，她那原本紧绷的脸，这时才稍稍舒展了一下。从母亲手上传来的温暖，虽然只有那么一点点，却在慢慢侵入我这疲倦而又僵硬的身体，似乎这一轻轻地抚摸和一点点的温暖有如阳光般，在消融着我的倦怠和僵硬。（动作、心理的细节刻画，尤其心理活动的刻画有了冲突后的变化。）

过了不久，母亲端了一碗中药进来，她轻轻地叫我醒来，让我赶快喝下，我看到母亲的眼里布满血丝，我想她又担忧了一个晚上，喝完药，我无力地说："妈，帮我把书拿来，我得复习。"母亲这时态度坚定地说，"不可以看书，把身体养好了才是最重要的"！我看着一脸关切的母亲，突然感觉，有一缕阳光照到了我这棵小草身上一般，身体里开始有了活力。（作者通过心理活动的描写，完成心理活动由阴郁到阳光的一系列变化，更是凸显了文章中心——母爱如温暖的阳光，我的生活需要阳光。）

晚上，积蓄了多天的阴云终于化作了倾盆大雨，涤荡着天宇大地。（环境描写再次照应开头，也为下文晴空的出现做好铺垫。）

第二天，当我睁开眼时，我发现灿烂的阳光正照在我的脸上、身上、脚上，这时母亲正端着一碗粥进来，她的笑容比阳光还要灿烂，还要柔美。我的生活需要这样的灿烂阳光！（环境与心境双线展开，同时收结！做到有放有收，收放自如，使得文章的情感更加浓烈。）

点评

"景心若璧合，文章情更浓"的运用固然能使文章情景交融，便于抒发情感，但是也请同学们注意，不能忽视了环境描写本身的连贯性、真实性，如若环境描写失真，则会大大削弱文章的可信度和感染力。

（插图：汕头市金珠小学　肖堤）

设景以衬人，借物而抒情

汕头市聿怀初级中学　陈少端

在七年级上册的语文课本中，有一些以景衬人、借物抒情的优秀作品，如《秋天的怀念》《荷叶·母亲》《金色花》等，这些作品的人物形象鲜明，情感真挚，而又富有诗情画意。人物的情感，乃至品质在景物描写的烘托映衬下更加鲜明突出，给读者以美的享受及心灵的涤荡。

写作时，我们应该注意：以景衬人的作品，人物塑造、情感抒发是作品的血肉、筋骨，景物与人物、情感的交融是其神采所在，三者缺一不可。倘若没有明晰所写的人物特点、所抒的情感内涵，没有提炼好一条能相对应烘托人物情感、衬托人物特点的物线，没有凝结好一条连贯、诚挚的情感线，那么所写的内容就会各自为政，支离破碎。而所写之景，也只能是一种简单的堆砌了。

下面，让我们通过一篇七年级学生创作并修改的习作，来了解一下该如何"设景以衬人，借物而抒情"。

那儿，有海，有你……

汕头市聿怀初级中学　黄丹妍

再一次漫步在金色的沙滩，望着那碧蓝的大海上白浪涌起，那是海在呼吸，在吟唱。伫立、聆听，往事如潮水般奔腾涌流而来……（物线贯穿，以"海潮"带动情感，引出事件、人物。）

脑海中浮想联翩：一个小女孩在海滩上踏着海浪，踩着贝壳，银铃般的笑声回荡整个天际。后面的姥姥慈爱地望着她，眼神中透露出无法掩饰的溺宠，她那满头的银丝，满脸的皱纹，似乎也淡化了许多……玩累了，小女孩依偎在姥姥的怀中，和着海的呼吸，听着姥姥一遍又一遍地吟唱童谣。"天上一颗星，地下开书斋，书斋门未曾开……"姥姥的童谣还未全然吟完，小女孩就已经在姥姥怀中甜甜酣睡了。（充分地写人叙事、抒发情感才是作品的血肉、筋骨。）

"哗"，海涛吟唱着思念。回到眼前，眼中不觉已有些朦胧。耳畔，大海依旧用那澎湃的海浪在歌咏着欢快的童谣，但我却再也听不到姥姥的童谣了。（物线与情线相融合、交织。）

远处，海鸥在天空中欢快地盘旋；近处，看着小孩子们在沙滩上堆沙子、捡贝壳、玩水嬉戏。眼前仿佛出现了那一幕幕：小女孩对着远处的海鸥叫道："你们好——啊！"姥姥在一旁掩嘴偷笑。小女孩在沙滩上堆沙子、捡贝壳，与伙伴们一起玩水。姥姥与邻家大嫂笑着聊天，却不忘常常向沙滩瞥一眼，眼中依旧是那满满的溺宠。女孩在大海旁尽情欢笑，而姥姥，则是海那边最动人的守护。

想到这，我的眼眶湿润了。眼前的大海不再汹涌澎湃，而是低声吟唱着童谣，如同慈爱的姥姥，守护着它的子女。（"海"的特点正映衬着人的特点。"海潮"是思念，亦是那个一直守护着小作者的人儿。）

白色的浪花再次地冲向礁石——那是大海的呼吸。记得姥姥曾说过："大海是有生命的，每一次白浪涌起，都是大海的呼吸。而海中的资源是大海送给人类最宝贵的礼物。"一字一句，随浪花涌来，浸湿了眼眶。海鸥的欢叫声回荡在耳边，孩子们银铃般的笑声在我耳边交融，姥姥慈爱的声音似乎在我耳畔不停回荡，回荡……那是海最宝贵的礼物！

抬头望去，须臾间，姥姥那充满宠溺的笑脸，仿佛又浮现在那天与海的交界处……

亲爱的姥姥！

那儿——有海，有你……

点评

小作者以"海潮"为线，映衬姥姥的爱之宽厚、博大，于点点滴滴的叙事回忆中，抒发其对姥姥的深切思念。那时而低回婉转，时而澎湃起伏的海浪声，不仅是思念的浪潮，更是寄寓着对姥姥的热切歌颂、赞美。那片海，已经不再是物质层面上的海，更是心中之海、人生之海，而与姥姥的那些点滴相处，注定成为小作者人生中最宝贵的礼物。小作者在二次修改的过程中，更突出了"海"对人物、情感的表现力，使景物描写真正做到为塑造人物、抒发情感而服务。

状物引联想，托物可言志

汕头市聿怀初级中学　陈少端

　　"托物言志"是指将个人之"志"依托在某个具体之"物"上，通过描写客观事物，寄寓作者的某种感情、哲思和志趣的一种文学创作手法。

　　初中语文课本中，有许多名家的作品便运用了这一手法。如宗璞的《紫藤萝瀑布》、席慕蓉的《贝壳》、鲁迅的《雪》、高尔基的《海燕》、巴金的《日》《月》等等。可以说，"托物言志"是初中阶段必知的一种文学创作手法。

　　初中生学习"托物言志"，不妨借鉴《紫藤萝瀑布》的写法，结合自身的经历，在叙事中引出所状之物，自然引发所思所感。这样，所状之物，所抒之志才能以生活的面貌亲切展现，自然融合。

　　生活中，触动我们心灵的事物无处不在。而构思"托物言志"，须注意以下要点：

　　要选好所托之物，由外及内挖掘事物的特点，找准"物"与"志"之间的内在相似点。

　　根据"相似点"，相对应地对事物的外在特征进行具体、多角度的描绘，以由外及内展现其特质。

　　围绕"相似点"，由此及彼，展开联想，在叙事、描写中，及时穿插心理活动、抒情议论，夹叙夹议。

　　在"状物"的基础上，借由联想，水到渠成点明"志"之所在，揭示写作意图。遵循事实、遵循事物生长规律，避免人为地穿凿附会、刻意拔高。

　　下面我们借一篇七年级学生创作并修改的习作，来瞧瞧"托物言志"手法的运用。

触动心灵的光

汕头市聿怀初级中学　何伊荞

七岁时的我，坚信自己跑得够快，无须再去进取。（叙事，引出所状之物。）

那个晚上，我和伙伴们比赛跑步。这时我们想了个法子：和手电筒的光比赛，看谁最先跑到对面的墙边。在起跑线上，我跃跃欲试，然而脚还没踏出起跑线，光就已经清楚地映照在墙上。我吃惊极了，赌气地连续和那光比赛了六次，但每次都以我的失败告终。

我快速地移步到光旁边，目不转睛地看着那光。那光，又白又透又闪，映在冰冷的墙面上，仿佛就像是一个灿烂的火球。光不停地跑着，冲刺着，不甘局限于自己的水平，往前冲，似乎拥有着强大到不可估测的力量，似乎要冲破这面高大的墙，奔向未知的远方。光喘着气，它的呼吸在我的耳边响起。（由外及内，紧紧扣住光不局限自我，不停奔跑的特点来写。突出"物"与"志"之间的内在相似点。）

为什么光这样奔跑，永不停息？（及时穿插自己的心理活动、抒情议论。）

从那时起，我总是带着这样一个疑惑去练习跑步。然而不管我怎样去努力，也比不上光往前冲的速度。

渐渐地，那光让懵懂的我渐渐爱上了奔跑时的畅快淋漓；渐渐地，我也明白了光的速度是无法战胜的。然而，奔跑似乎已成为我生命中，不可或缺的一种习惯，一股奔向未知远方的韧劲。（作者选择最贴近自身生活的经历，最能打动自己、传递思想感情的物象来写，不落俗套。）

岁月如梭。一个晚上，我又突发奇想，拿起手电筒，让光在楼房外面跑来跑去。光跑得真远啊。当我把光放射在天上时，黑夜中竟泛着点点微光，就像是一件纱衣，轻得如一片羽毛，透得如一滩水，在黑夜间游走。夜空中的星星，似乎也麻利地在纱衣上织起金光闪闪的花纹，环绕在那光身旁。那光，映衬着四周之物，五颜六色的，似乎泛着浅蓝的、黄的、绿的光彩，光芒闪烁着，绽放着。（紧扣"相似点"，多角度描绘光，以展现其特质。）

此时，光是一朵鲜艳的花，一个忍俊不禁的微笑。以前，它不曾有这样的力量，不曾有胆量去到辽阔的天空。它只是一个待放的花蕊，现在那光竟美丽而潇洒地盛开了。我听见了。光说："我不曾放弃。无论成败，我都会继续

奔跑，继续向前。"哦，那触动心灵的光啊。

　　信念拥有一片天。那光，不局限于自己，它在努力着，让自己往前冲。即使天空深不可测，牢不可破，但它仍在努力着，努力能像灿烂的阳光、璀璨的月光般冲破云层，做得更好。（由此及彼，展开联想，穿插抒情议论。）

　　人也相同吧！只要生命不息，那么彼岸永无止境，追逐从不停息。（借由联想，水到渠成点明"志"之所在。）

　　那触动心灵的光，影入心湖，映出那暗夜中，那少年坚定奔向远方的身影……（首尾呼应，双线交织，相融相生。）

（插图：汕头市金园实验中学　李佳颖）

慧眼择意象，灵心赋物魂

汕头市聿怀初级中学　蔡尉洁

"美丽的景色要靠摄影师的头脑和眼睛去寻找、发现，观察得仔细，就会与众不同。同样是行走，不观察就是悠游，观察了就是发现之旅。"翟东风关于摄影艺术的论述，同样适用于我们的写作。

许多学生因为缺乏丰富的生活体验和敏锐的感受力，所以在景物面前显得很被动，即使能够直观感受其美，却又不知该如何以独特的心灵来观照景物，融入自己的思考，从而赋予其灵魂，提炼出意象。

还记得七年级上册的《贝壳》一文吧！席慕蓉漫步沙滩，捡拾贝壳，以一双慧眼观照贝壳表面精致回旋的花纹，调动自身的人生体验、倾注自我的情感理想，从而发现了一颗"固执"而又"简单"的心，表达了一种对生命的珍爱之情：要力所能及地把事情做得更好些，使生命更有价值。作者的心灵与普普通通的贝壳产生碰撞，将自己的情感态度倾注其中，化为可见的艺术形象——这就是发现之旅的典型案例，平凡的事物因为作者的观察、感受和思考而有了灵魂，成为独特的意象。

让我们跟随下文的作者，开始另一段发现之旅吧！

生活中的发现

汕头市聿怀初级中学　谢俊鑫

周六傍晚，我路过了一个不起眼的小巷，小巷不深，但因其靠近菜市场，里面堆满了烂菜、烂泥，所以味道并不好闻。我本打算掩鼻匆匆而过，但不经意间的一瞥，巷口的一小片绿色引起了我的注意。

那是什么——一株小树苗！我走近一看，那树苗只有我腰那么高，根浅浅地扎在烂泥里，浮在泥土之上。枝条一根一根地抽出，像盘旋而上的小蛇。叶子不大，也不多，只有稀稀拉拉的几片，可每一根枝条，每一片树叶都斜斜

地向着巷口的方向逸出。我有些疑惑，靠着这一点点烂泥，它竟能抽枝发条？既然如此，它为何不朝着巷子里烂泥堆积更多的地方伸展呢？正在这时，一缕斜阳洒在小树身上，小树仿佛精神为之一振。我恍然大悟，原来这"小家伙"是冲着太阳来的呀！它拼了命地倾向巷口只为了那一缕阳光。（作者的"悟"，表面上看是由扎根于烂泥的小树苗而来，实际上是将自己的生活体验与认识，融入形象的观察与描绘之中。）

我起了恻隐之心，想到夏季将至，届时这个海滨城市难免经受台风肆虐，许多大树都可能被连根拔起，更何况是这一株小树苗呢？不如让它"安居"在我家那温暖向阳的空地里，与鸟语为伴，花香为伍，阳光为友，绝对会更茂盛的。但转念一想，它生于斯，长于斯，就应该尊重它的选择。（从怜悯到尊重，作者浮想联翩中的"树"，已经是活生生的"人"了，它有追求，有选择，有了属于自己的灵魂。）

在这样一条烂泥堆积的小巷中，我发现了这样一株弱小的树苗：即使它命不久矣，也在用生命诠释着对阳光的憧憬，对生活的执着。（作者由物及人，水到渠成地写出了自己的"发现"。）

面对这株向着太阳，努力生长的小树苗，我陷入了沉思：当我们处在困难环境时，是否有一颗积极向上的心？就像这棵小树苗，即使命不久矣，也要冲出巷口，向往一片新的天地。

点评

作为一篇托物言志的文章，本文很好地体现了物象的刻画与立意的统一。对小树苗的观察和发现颇具新意，不是人云亦云地去赞美它顽强的生命力，而是称颂它追求阳光，追求生命更高境界的积极态度，这种独到的眼光、独立的思考使这篇短文具备了深刻的哲理意味，发人深省。

（插图：汕头市飞厦中学 黄悦冬）

（插图：曾广琪老师美术工作室）

凤头兼豹尾，前后相呼应

汕头市第二中学　陈少玉

好的开头是作文成功的一半，所以称为凤头。一个好的开头能给人耳目一新的感觉，能一下子抓住读者的注意力，激发读者仔细阅读的兴趣。下面介绍几种简单实用的开头方式：

1. 排比式

这种开头既体现了作者的语言气势，又能起到提挈下文的作用。

2. 名言警句式

积累一些名言警句，选择符合主题地放在文章开头，这种形式的开头既增加了文章观点的可信度，又显现了文章语言的感染力。

3. 直奔主题式

如果作者不擅长文采，那就尽量直奔主题，直接点明题意。

好文章就好比一首优美的乐曲，要有好的尾声，或余音袅袅，或震人心魄，又称为豹尾。好的结尾能起到归纳全文、照应全篇、深化主旨，使文章意味深长、发人深省、回味无穷等作用。可以使用以下几种方法：

1. 名言归纳式

引用名言警句帮助归纳文章主题，精辟简练。

2. 总结升华式

总结文章内容并由表及里、以小见大，升华文章的主题。

3. 铺陈排比式

通过一组句式整齐的句子铺陈渲染，使情感的表达更加到位。

当然，所有方法的使用都要尽量自然，符合主题需要，不能生搬硬套。开头结尾尽量相互呼应，点明主题。

下面我们通过一篇学生作文来看看开头结尾方法的妙用。

传递美德

汕头市第二中学 李娌

快乐需要传递，因为它让人们和谐幸福；爱心需要传递，因为它让生活充满感动；美德需要传递，因为它让祖国繁荣富强。（排比句增强了文章的语言气势，点明主题：传递美德。）

暑假时我去了一家博物馆参观，那时正值旅游高峰，虽说不上摩肩接踵，却也算是半个人山人海，去参观的大都是成年人和老年人，内容是孩子们不大感兴趣的——抗战史。我也是被爸妈"强行"带去参观的，百无聊赖地在各个展馆穿梭，踢着地下的纸屑，（一个细节点明展览馆内的环境卫生情况，间接表明参观人员在保护环境方面的意识并不高。）突然，一对父子引起了我的注意，一位年轻的父亲带着大约七岁的儿子在一副参展品前站立着，父亲面容沉重地向儿子讲解着，孩子认真地听着，紧接着又继续参观，那位父亲时而认真地讲解，时而用手生动地描绘，时而将孩子举起以便他能看到较高的参展物。"大家可以来这里领水，但不要随意丢弃空水瓶，谢谢……"不远处传来工作人员的声音。（这一段介绍事情的原委，交代了展览馆的人多、杂，引出主人公一对父子的出场，还有工作人员提醒大家的环保要求。）

"大家不要抢，不要抢……水，人人都有的，请排好队……"尽管工作人员喊得面红耳赤，众多游客还是争先恐后地挤入人群，有的甚至一人抢两瓶！（这一细节表明公众秩序混乱，人们素质水平低，对"排队，遵守规则"的漠视，美德的缺失。）那个小孩见状，也想过去抢（大人们的行为直接地影响了我们的下一代。），刚准备跑，便被父亲扶住肩膀："不要去抢，在这边排队，做人要守规则！"父亲言语严厉而不可动摇，于是儿子乖乖地去排队，拥向人群的我也不好意思地在他们父子后面排起队来。没想到轮到我们的时候，箱子里只剩下两瓶水。年轻的女工作人员一脸歉意地望着我们。那位父亲先开了口："没关系，我和儿子喝一瓶足够了，另一瓶给那

女孩吧！"说完便对着他儿子亲切地说道："那位姐姐也和你一样遵守规则，你们都特别棒。"儿子仰起头，擦掉额上的汗珠，露出了天真的笑容。馆内的人渐渐少了，地上的空瓶子就如退潮时的岩石浮出水面般显现出来，格外刺眼。我走出展览室随手将空瓶子扔到转角处的垃圾桶中。回头看见，那位年轻的父亲，背着他睡着的儿子走了出来，手里拿着一个空水瓶……（"爸爸"言传身教，把"遵守秩序、保护环境、懂得礼让"的美德传递给了孩子和身边的人。）

　　中华民族的传统美德需要传递，需要父母的言传身教使其代代相传，这不仅仅是说说而已，而是要我们尽自己的微薄力量，去传递出一条文明的道路。正如鲁迅先生所说："地上本没有路，走的人多了，便也成了路。"（结尾使用总结升华式，由事件引发的思考，点明主题。同时又引用了鲁迅的名言，表明传递美德需要每个人的努力。这是作者作为一个单纯又对社会现象有一定洞察力的学生的美好愿望。）

点评

　　本文语言朴素自然，故事简单流畅，并没有太多华丽的色彩，也没有跌宕起伏吸引人的情节，但是却真诚地流露出作者自己的心声：对美德传递的呼吁，对美好社会的期望。开头使用简单的排比句引出主题，有一定的语言气势。结尾总结并升华了主题，以小见大，引用名人名言表明自己的心志，恰到好处。开头结尾互相呼应点明"传递美德"的主题。

（插图：汕头市东方小学　佘洪艺）

一步三回头，绕树自依依

汕头市聿怀初级中学　蔡尉洁

写作文，尤其是写考场作文时要有点题的意识。点题，就是在恰当的地方用简明扼要的语句点明行文和文题的关系。不管文章如何"斗折蛇行"，如果作者能有意识地"一步三回头"，让能提示全文脉络的点题句"明灭可见"，就能使文章结构紧凑、层次分明、前后衔接自然，并更好地呈现主题。点题应该在文章的显豁之处，如开头结尾、段首段末、过渡段等容易引起读者注意的地方。

扣题，就是根据文章的主题展开一系列的阐述。"切合题意"是基础等级的第一要求。所谓"题意"就是题目的中心观点或主旨；"切合"则是合适、妥当、恰如其分，也就是要求作文内容与作文题旨要有实质的、本质的联系和契合，题旨是"树"，具体内容就要"绕树三匝""依依不舍"，而不能貌合神离，背道而驰。

我们来看看下面这篇文章是如何点题、扣题的。

为敬岗乐业的人点赞

汕头市聿怀初级中学　苏捷敏

点赞，是一种肯定，一种态度。每一位在平凡岗位上认真工作，有良好职业道德的人，都值得我们为他点赞。（第一段解题并点题。文章于此定调，下面的叙述应当紧扣题旨突出人物"敬岗爱业"的精神。）

我们小区来了一位年轻的保安，他负责在小区门口看管人们的进出。他刚来那几天，我对他其实是没什么印象的，因为我没带门卡进出小区，他都没说什么。

那天我出门去买点东西，回到小区门口，刚好没有其他人出入方便我跟随，我便向那位保安喊话："叔叔，麻烦你帮我开一下门。"他居然摇了摇

头，一脸严肃地对我说："我不能放你进去，除非你能证明你住在这里。"这不是存心刁难人吗？我又气又恼，站在小区门口直跺脚。这时，一个阿姨掏出门卡刷了一下，进了小区。我连忙跟了进去。

进了小区，我狠狠地瞪了那保安一眼，他却快步向我走来，想干吗呢？"小妹，我不是故意跟你过不去，就是想提醒你要记得带门卡。大家如果都不带门卡，咱们小区的安全就很难保证了！"他恳切的言语，殷切的目光打动了我，我的气不觉消了，心里也为认真履行岗位职责的他点了个赞。（第一件事写保安认真履行岗位职责，文中对人物的神态、语言、动作描写体现其严肃、诚恳，为小区的安全着想，具体描写处处扣住"敬岗乐业"展开。段末点题。）

有一次，爸爸接我回家，到了地下车库停好车准备上楼的时候，那位保安喊住了我们，说："其实你们在这儿停车的次数很少，可以按小时计算收费，没有必要去租车位的。"爸爸赞成地点点头，问："可是物业让不让我们这样停放啊？"他露出憨厚的笑容，说："没关系，我去和他们商量一下就好。"我心里想：这位大哥挺为业主着想的，我要为他的服务精神点赞！（第二件事写保安主动提出"按小时计算收费"替业主省钱，段末从"服务精神"的角度再次点题。）

前段时间小区的草地在整修，每天都有人在搬砖、铺砖。一天中午，我看到那位保安在草地上忙碌，汗流浃背地搬砖，旁边却有一个搬砖工在吃盒饭。我好奇地问他："你为什么要帮他搬砖呢？"他说："那位大哥挺不容易的，中午了还没干完，我闲着没事帮帮忙。"【画线句改为：没事帮帮忙，早点把草地修好，大家进出经过都方便些】。他脸上那一颗颗汗珠，在阳光的照耀下显得十分晶莹剔透。（原文写第三件事时脱离了人物的职业、身份写他体谅搬砖工劳动的辛苦，助人为乐。虽然是体现人物的高尚善良，却未免有跑题之嫌。修改时只是对人物语言进行调整，使其重回表现人物"敬岗乐业"精神的正轨，效果立即不一样。）

一位平凡的保安，却给我最多的感动——我要为他点赞，为所有像他一样敬岗乐业的人点赞！（结尾点题，归结题旨。）

（插图：汕头市聿怀初级中学　许秋妍）

浓妆配淡抹，详略显中心

汕头市聿怀初级中学　陈婕玲

鲁迅的《阿长与山海经》、朱自清的《背影》、杨绛的《老王》等作品都能巧妙安排结构，详写的部分对材料进行细致地叙述和描写，以突显中心；略写的部分作为铺垫，对材料进行概括性简略叙述。

同学们在写作中经常有中心不突出的问题，主要原因还是详略不当。如果整篇文章，平均使用笔墨，眉毛胡子一把抓，需要详写的内容淹没在一般的内容之中，文章便没有了主次，中心思想也就被淡化了。因此，我们需要学会品析经典课文范例的结构特色，并且在具体的写作实践中，根据题目来确定写作的核心，才能使文章的结构更趋合理。

作文安排详略的技法有：一是一定要明确作文的中心；二是当我们记叙多件事时，最能突出人物特点，表现中心的事件就一定要详写；三是当我们记叙一件事时，最能直接地、具体生动地表现文章中心意思的内容就一定要详写，与中心无关的内容则要舍弃。

下面我们通过一篇八年级学生创作并修改的习作，了解如何通过"化详为略"和如何"化略为详"来突出中心，使作文结构更为合理。

又是一年丰收

汕头市聿怀初级中学　袁艾斯

田野中，那个熟悉的身影——浅绿色的军装，在长年劳作中失去了颜色，在泥沙的拍打中，多了一丝淡黄，日渐弯曲的背已不再挺拔，那便是爷爷。他在等待着，一年又一年的丰收。（明确中心：爷爷的辛勤劳作，幼苗成长最终丰收，表现爷爷对于庄稼丰收的激动和喜悦。）

爷爷退伍后，每天伴随他的，便是这田野的每一棵大树，每一株幼苗。每天清晨，鸡还未鸣，鸟还未啼，他便担上扁担，挑着两大桶水摇摇晃晃地

出门去，从不迟到。中午时分，有时是艳阳高照，爷爷也坐立不安，他赤裸着脚在田野里走来走去，不时停下来观望那些未成长的稻苗。到了傍晚，他也闲不下来，仿佛一定要望一望田野里的这群"孩子"，他才能真正停止一天的劳作。（此段只作为铺垫——"又一次""丰收"前的播种、耕种应略写。与中心关系不大的部分，应"化详为略"，删减为——爷爷退伍后，每天伴随他的，便是这田野的每一棵大树，每一株幼苗。年复一年，日复一日，仿佛每天一定要望一望田野里的这群"孩子"，他才能真正停止一天的劳作。）

　　这一年，台风的到来，对爷爷而言简直是晴天霹雳，风雨持续了一夜，隔天一早，我发现爷爷的身影不见了。

　　我走向田野，看见爷爷那忙碌的身影，那双粗糙的大手，一勺一勺地为每一株幼苗灌溉。一天又一天，一次又一次，爷爷并没有放弃它们。这一株一株的幼苗似乎也懂得人情，在爷爷的日夜照顾下，重现生机。望着幼苗一天天地长大，爷爷那消失已久的笑容渐渐显现出来，谈起他的稻谷，他上扬的嘴角，月牙般的笑眼里写满的都是他的欢乐。（此段突显中心——"又一次"的"丰收"给爷爷带来的喜悦。表现中心的部分，应"化略为详"，此段增加了景物描写以及对爷爷的语言、神态、外貌等细节描写，补充——秋天来了，秋风欢蹦乱跳地驰骋过田野，田野的一切都变成了金黄色。那似懂人意的沉甸甸的稻穗垂了下来，哈着腰鞠着躬，似乎在向这个田野的主人致意，爷爷乐呵呵地一边挥着汗，一边手拿着镰刀割下他辛勤一年的成果，在田野里唱起了欢快的"丰收歌"——"又是一年好丰收呀"。望着那一车又一车载往城市的粮食，爷爷的眼睛眯成了一条线，这是我们家的丰收年啊！）

离开爷爷家已是一年之后，春天撒下的种子，秋天又变成了庄稼。又是一年丰收，这一年的丰收，来之不易，是爷爷的努力和坚持所换取的，虽然年年丰收，不足为奇，但每一年的成功都来自前一年的努力。啊！一年一年丰收年！

点评

题目中关键词"又""丰收"提示我们，应略写此次丰收之前的所有活动，强调这是非同寻常的"又一次"。文章通过对两个段落"化详为略""化略为详"的修改，把文章中只起到交代背景，烘托作用的部分简略带过，对能直接体现中心思想的部分细致刻画，使得"丰收"这一中心更加明确，情感更加丰满。

（插图：汕头市大华路第一小学　林曦贤）

用清晰文脉，串诚挚情怀

汕头市金园实验中学　何益秀

　　拥有满腔的热感柔情，抒写一纸的好词雅句，却让读者看了云里雾里。这种现象常现于文笔不错但缺乏一定逻辑的学生之手。尽管有学生调侃说"看不懂的文章就是好文章"，但作为老师，我们可以稍加指导，让如此的文章能尽显其旨意，也让其他学生能循着清晰的文脉，感受其中的诚挚情怀。下面的文章就能较好地把握感性的表达和理性的结构脉络，让人易在字里行间读到小作者浓浓的乡情。

小城山水的魅力

汕头市金园实验中学　高可

　　生我养我的这座城市，是祖国广阔疆土最东南角落的一个不起眼的小城。它的经济并不繁荣，街道并不整洁，就连路上跑的公交车有时都拖着一串浓浓的黑烟。（开篇先抑，与文题形成反差，设下悬念。）

　　然而这座城在平庸与混乱之中也有它可爱的地方，那就是它依山傍水，极少雾霾和高楼挡住人们远眺的视野。（"然而"一词笔锋一转，在"可爱"一词中情感上扬，并抛出"依山傍水"，巧妙扣题。）

　　这座城里的山名唤礜石山，在我看来，这是一座亲切而富有魅力的山。当三山五岳都以一种峻峭险拔的姿态直指云天时，礜石山却颔首低眉，用柔和碧绿的眸光俯视着在山下生息繁衍，忙忙碌碌的市民们，并用它那不高的海拔，留给世人更多的平淡和舒适。瞧！那一条蜿蜒隐秘的山间健身道，就成了连接市民和这座山的脐带，刚下班或放学的人们常常转个身就可以放下一日沉重的包袱，气定神闲地坐在铺满落叶青草的小坡上，在山间烧烤、歌唱或闭起双眼沉思遐想，尽情投入到自然的怀抱中。也许是因为有了这山，这里的人们变得简单真实，知足常乐。（首句为中心句，直点小城山之亲切。先用对比，再以

"瞧"字引出山的画面，给人以无违之感，自然也便引发了结尾的议论。）

　　下山之后，沿着滨海长廊慢慢地走，你会爱上这座小城的水。尽管这处内海并不波澜壮阔，尽管这里的海港码头不见得车水马龙，但它也有自己独特的魅力。近处是几辆零星从码头开出的载着各种颜色集装箱的货车，一路轰隆隆地响着，那是劳动和财富的声音啊！远处，几座高大的吊桥隐约在满天金橙色的霞光中，偶尔有一只孤傲自由的海鸟从流动的晚云中蹿出，落在了谁家的渔船上，低声咕咕几句，歪着头睨你几眼，又向洒满金色碎屑的海面飞去了。

它云游中留给你一个诗意的背影和一幅祥和的要让人酣睡的画面，空气中还有隐约弥漫着海边不知名小花微微的乳香，夹杂在腥风中的海潮上飘荡。也许是因为有这样的海岸风景，小城的人们不知不觉中有了温柔平和的性格吧！（首句巧妙过渡，由山到水。接着地描写富有层次，"近处""远处"两词把小城水之温柔平和的特点细细描绘，让人感同身受。）

　　这就是小城的山水，没有险峻奇秀，没有波澜壮阔，但它的每一份温情都能融入市民们生活的角落中，平凡而真挚，饱含着无穷的魅力！（结尾总结全文，揭示小城山水之魅力。）

点评

　　对于家乡的山水，文章选取了不少感性的素材，无论是山还是水，都富有家乡小城的特色，并能及时提炼。不管是轻描淡写，还是浓妆艳抹，字里行间都在展示小城山水的"魅力"，让人不由地生发出同样的情愫。这定然是值得肯定的。

　　而从首段的"先抑"，到第二段的"后扬"并巧妙扣题，接着便是清晰可见的过渡句、议论句或是总结句等，极富标志地把文章层次划分开来，更妙的是"瞧""近处""远处"等措辞，然后再把笔墨较多的描绘处细分开来。

如此清晰的文脉，恰似一名有经验的导游，带着我们顺利前行，不至于迷失于漫漫的笔墨之中。这定然也是需要赞许的。

隐约中，觉得此文有老舍的《济南的冬天》和冰心的《谈生命》之痕迹。

（插图：汕头市金园实验中学　颜潞）

步步紧追问，层层挖意蕴

汕头市聿怀初级中学　林郁

写作烦！烦无思路，烦不具体，烦主题浮浅。学生的烦恼源于缺乏积累，往往表现为作文内容空洞。考场上如何应急？我们不妨采用问答形式借"多"抗"乏"，即围绕主题进行多次提问，在一问一答中深化文章主题。

我们在使用这一技法时，应注意多个问答间的关系应是由浅入深，以达到深化主题的作用。步步追问可以围绕"为什么""怎么做""做后怎么样"或者"为什么"（探外在原因）"为什么"（探内在原因）"怎么样"这样的顺序来设置问题，展开作文思路。同时应注意在设置问题时，不一定得明显地以"设问"修辞格的形式出现，可以"问"在暗处，"答"在明处。

下面以学生的习作为例，浅谈这一方法的运用。

爷爷的沉默去哪儿了

汕头市聿怀初级中学　黄嘉佳

健谈的奶奶病倒了。

这是大家意想不到的事情。更想不到的是，一向沉默寡言的爷爷却突然变得健谈了。

在我的记忆中，只有奶奶娓娓动听讲故事的声音在耳边回荡。每当能说会道的奶奶抱着我给我讲故事时，爷爷只是在一旁笑眯眯地看着我们，并不出声。偶尔补充，也只是简单一句"老婆子说得不错"……

可现在，为什么奶奶病倒了，爷爷反而变得健谈了呢？（围绕文题提出第一个"为什么"，引出下文对爷爷转变原因的探究。）在病房里，我经常看见爷爷牵着奶奶瘦骨嶙峋的手，微笑着轻声细语地向奶奶念叨家长里短，时事趣闻。深邃的目光里夹杂着温和的暖流，像冬日里的阳光，寂寞又温暖。原来，为了令奶奶早日康复，医生嘱咐爷爷要多陪奶奶说说话，聊聊家常。于

91

是，狭小的病房里便总是缭绕着爷爷低沉的絮语。（探得外因：遵照医嘱，为妻子早日康复而变得健谈。）

如今的爷爷不仅对着奶奶健谈，连面对着我们都会侃侃而谈。（"暗"问，第二个"为什么"，进一步探究爷爷的转变。）每当有亲戚探视，爷爷也拉着他们，围在奶奶的病床边，一遍遍地给大家讲他和奶奶的往事。

那天，爷爷拉着我坐在沙发上，情不自禁地又想起了他和奶奶的专属回忆：富裕时，奶奶给他办生日派对；贫穷时，奶奶陪着他白手起家；"非典"时，奶奶义无反顾地拉着他去当义工；奥运会时，奶奶和他依偎在电视机前流下激动的泪水……爷爷一直都微笑地看着奶奶，眼眶里却不由自主地流下了感动的泪水。爷爷看着眼前病重的奶奶，终于忍不住，像个得不到糖果的孩子一样号啕大哭。我终于明白，是奶奶的深情，是奶奶"共富贵，同患难"的陪伴感化了爷爷，使得爷爷变得健谈。（找到第二个外在原因：是奶奶的爱让爷爷由被动遵医嘱变为主动分享幸福往事。）

随着治疗的进行，奶奶的病情逐渐好转，又回到了原来健谈的状态，笑容也逐渐在爷爷的脸上绽放。但爷爷的沉默却再也不复返了。（紧扣爷爷的变化，步步追问"为什么"。）现在家里不时会传来爷爷和奶奶互相调侃的拌嘴声、谈古论今的讨论声、低声细语的商量声。爷爷叮嘱奶奶注意身体的叮念声，爷爷逗奶奶欢笑的滑稽声，爷爷给奶奶讲故事的娓娓而谈声，等等。是什么，让爷爷从原本的沉默变得健谈呢？是什么，让爷爷从被动交流变成主动交谈呢？是什么，让爷爷的健谈一直持续呢？是爱，是爷爷对奶奶浓浓的爱。（探究内因：爷爷对奶奶深沉的爱促使了他的改变。）

爷爷的沉默去哪儿了？爷爷的沉默在爱中消散，是奶奶的深情打破了爷爷的沉默，是爷爷深沉的爱意遣散了沉默。（照应文题，突出主旨。）

点评

多问几个"为什么",不仅能使作文思路清晰,内容丰满,而且主旨深刻。本文的小作者就是巧妙借助了三个"为什么",层层深入探究爷爷变得健谈的原因:表层原因,从被动变主动的原因,由外在因素化为内在动力的原因。通过这三问三答,作者对爷爷变得健谈这一现象层层分析,爷爷与奶奶之间的深情,也在这层层探索中逐步展现出来,显得深沉厚重不单薄。比单一写爷爷爱奶奶更能吸引读者。

(插图:汕头市聿怀初级中学 陆筱欣)

画面并行列，比喻显新意

汕头市东厦中学   苏丹丹

　　所谓结构，指的是文章段落层次内容的组织形式。文章是一个整体，它有多个部分，而这些部分需要进行一定的安排和组合，才能使整个内容显得严谨而和谐。要想显出美来，就需要对文章诸多的段落层次进行布局和谋划。而在写作中，很多同学都不太注意文章结构对内容表达的重要性，以致影响了作文的质量，从而大大影响了作文的评分。

　　并列式结构的文章看起来布局紧凑，框架清晰，一目了然，能够在短时间内让读者掌握作者写作的思想脉络，而且读起来有气势。其模式也好操作，是快速学好考场作文中最简单的形式。既然是并列式结构，在构思的时候，就要明确每一段的画面，想好段首语。

　　下面的文章，就是运用"三式结构"，用三个比喻展开全文，既工整又生动，不失为一篇考场佳作。

依然有你

汕头市东厦中学   陈佳文

　　雨霁初晴，云依然环抱着暖阳；冬去春来，花依然点缀着嫩叶；潮起潮落，海鸥依然驾驭着海风。万物轮回变换，时光悄然流走；而我却依然有你，亘古不变。（排比句总起，紧扣题目。）

　　船迫不及待想要逃离那片海，那片束缚自己的海。（第一个小片段以比喻的形式展开，生动形象地写出了"我"的叛逆。）

　　"我不需要你来管束我，对我指手画脚！那是我自己的事，我有我的自由！"我甩手将门落了锁，将你对我夜半归来的唠叨阻隔在门外。我狠狠地咬着牙根，像一只被囚禁已久的鸟挣扎反抗着要咬开铁笼——求求你别管我了！万物轮回变换，时光悄然流走，而你却依然不肯放手，让我拥抱我所期望的自由。窗外刮起了风，漫天飞叶翻转着下落，却压不下我心中渴望离开你的念头。（景物描写，烘托人物的心情。）依然有你，而我却毫不领情。（第一个小片段，点题结尾。）

船终于驶离那片海，去向更广阔的天地。海也只能看着，却无能为力。（第二个小片段仍以比喻的形式展开，生动形象地体现了"我"与妈妈之间的隔阂。）

"哈哈！还好报了夏令营，终于可以离开了！"我背上行囊，整装待发，将你抛在脑后与同伴雀跃欢呼着向往未来。我看不见在我背后那攥着手留恋哽咽地你，像一只刚获新生的雏鸟伸展着双翼要飞向天空——终于等到了这一天！万物轮回变换，时光悄然流走，而你却依然惦念着我，目光追随着直到我的身影没入地平线中。依然有你，而我却渐行渐远。（第二个小片段，依然是点题结尾，情感渐渐变化。）

船最后拖着残损的桅杆回到了那片海，在轻柔的海波中热泪盈眶。（第三个小片段仍以比喻的形式展开，生动形象地体现了"我"与妈妈之间关系的修复。）

"我再也不报夏令营了……"你轻抚着我被晒得黝黑粗糙的面庞，凝视着我睫间滚动的泪水。（妈妈简单的动作，体现的是对"我"的心疼和爱。）

你的胸脯是那样的温暖，化解了我层层铸造的心墙，像一只觅食归巢疲惫不堪的鸟卧在柔软的干草上——还是只有你能抚慰我的伤痛。万物轮回变换，时光悄然流走，只有你依然将怀抱向我敞开。依然有你，我倍感珍惜。（第三个小片段，依然是点题结尾。）

从此那艘船便停靠在那片海上，那是它最温暖的港湾。母亲啊！是你给予我最坚强的后盾来依靠，是你百

分百无怨地接纳忤逆的我。世上又有谁像你这般！白驹过隙，花谢花开，而我依然有你，有你伴我徜徉在万物苍生中，看尽春夏秋冬，细水长流。（通过反复，不断渲染，抒发作者对母亲的感恩，水到渠成。）

点评

　　本文的结构非常清晰，全文用"船"与"海"作喻，以船与海的关系作为框架，引出"我"和妈妈的关系，放在每个片段的前面，工整又生动。而每个片段的结尾都以点题的方式，工整收尾，三个画面，一气呵成，情感洋溢在字里行间。

（插图：汕头市聿怀初级中学　曾广琪）

板块巧组合，脉络更清晰

汕头市聿怀初级中学　罗纯芝

　　草报春、春争春、风唱春、雨润春、人迎春——朱自清笔下的五幅图景描绘了生机盎然的春天；农家丰收图、霜晨归渔图、少女思恋图——何其芳诗中的三个画面组成了恬淡悠闲的秋天。从行文结构看，这两篇名作都采用了板块组合法，从多个角度描写景物、表达感情。这样的作品看起来布局紧凑，框架清晰，气韵流畅，能够让读者一目了然，在短时间内把握写作脉络，理解作品主题。

　　运用板块组合式结构可围绕主题从不同角度进行构思：从时间角度构思，如刘湛秋《雨的四季》分春、夏、秋、冬描绘四季雨景；从空间角度构思，如沈从文《云南的歌会》分别从树丛、山路、村寨三个场所渲染歌会盛况；从事物性质的角度构思，如臧克家的《说和做——记闻一多先生言行片段》分作家和革命家两个板块凸显人物精神；从情感变化角度构思，如范仲淹的《岳阳楼记》分"悲""喜"两种情感状写"览物之情"。

　　下面，让我们通过一篇习作来了解如何运用板块组合法，使文章脉络更加清晰并凸显主题。

记忆深处最历历在目的画面

汕头市聿怀初级中学　李庆华

　　在我的印象里，外公总爱穿着一件破旧的白衬衫，一条褪色的黑裤子，他那布满皱纹、饱经风霜的脸上，嘴角边总会微微扬起，显得那么的和蔼可亲。小时候，外公总是喜欢带着我到中山公园里走走，和他在公园里的点点滴滴，是我记忆深处最历历在目的画面。（开篇点题，引出下文那些历历在目的画面。）

糖葫芦

在中山公园偌大的门前，当路过的行客接过小贩手里的糖葫芦时，我总会拉住外公的手，看得目不转睛，而外公好像对我的想法"了如指掌"，在口袋里掏出些细碎的零钱，从小贩手里接过糖葫芦笑眯眯地递到我的手里，我一边牵着外公长满老茧的大手，一边津津有味地舔着糖葫芦，步入公园大门，心情像吃了蜜一样甜，美滋滋的。（简单的几个动词准确地表现了外公对"我"的疼爱。）

绑着"中国结"的鞋

我总喜欢在公园那片嫩绿的草地上奔跑，鞋带总像花苞开了似地散出来，而让当时仅有几岁的我面对鞋带这样强大的"敌人"时，却显得毫无"缚鸡之力"，外公看到了，便缓慢地蹲下将两根鞋带子交叉起来，又将左边的一根鞋带子伸进扣里，然后将右边的一根拴起来，用左边的一根围着右边拴着的中间点绕了一圈，伸进扣里抽紧了，竟帮我绑上了一个别致的"中国结"，穿着这双外公绑着"中国结"的鞋子，我又尽情地奔跑起来。（延长动作，细腻地描写外公替我绑鞋带的画面。）

那爽朗的笑声

"九曲桥"上总能看到我们爷俩的身影。外公买来喂鱼的饲料，将鱼儿的"美食"，掷向池中，引得鱼儿为争夺鱼食，溅出水花，跃出水中。有时外公会拿着鱼食引逗鱼儿们，让鱼儿左窜右窜，使我喜形于色地大笑起来，而外公也会喜上眉梢地看着他疼爱的外孙，发出爽朗的笑声。

两年前，外公离开了人世，这也成了我最悲伤的事。如今，在中山公园门前，卖糖葫芦的小贩还在，可我再也吃不到那美滋滋的糖葫芦了；我那双曾经绑着中国结的鞋子还在，可我再也看不到外公左穿右穿地给我绑中国结了；小区池中嬉戏的鱼儿还在，可我再也看不到外公得意的笑容，再也听不到外公那爽朗的笑声了。我是多么想念我的外公啊！如今，当我漫步在公园的小道上，回忆着我与外公的点点滴滴，回忆着那记忆深处最历历在目的画面。

点评

　　小作者采用小标题式的结构讲述了儿时和外公在公园里的点滴，情感真挚，画面描写细腻，宛如在眼前。小作者以排比句总结，更表达了他对外公的怀念之情。

（插图：汕头市东厦小学　黄祎洵）

暗处埋伏笔，明处做铺垫

汕头市聿怀初级中学　蔡尉洁

伏笔是叙事的一种手法，就是上文看似无关紧要的事物，对下文将要出现的人物或事件预先做的某种提示或暗示，让读者看到下文时，不至于产生突兀、疑惑之感。

使用伏笔时应注意：（1）要"伏"得巧妙，切忌刻意、显露。伏笔往往在暗处，在没有看到"照应"之前，貌似"闲笔"，通常只是一两笔，点到为止，否则就失去了"伏"的意义。（2）有伏必应，伏笔与照应，前后不宜紧挨着。

铺垫是为主要情节蓄势的过程，是主要情节的基石，能增加情节的张力，形成"山雨欲来"的情势，促使读者产生期待、盼望的急迫心情，从而自然而然地引出重要情节和内容。

铺垫往往需要大肆渲染，为引起读者注意甚至不惜浓墨重彩，虽然是在次要人物或事件上下功夫，其着眼点却是主要人物或事件。

下面这篇习作，就是在叙事中运用了伏笔与铺垫，使全文达到结构严谨、情节发展合理的效果。

那一次，我真恐惧
汕头市聿怀初级中学　项阳阳

放学后，我骑着车走在回家的路上，突然我看到了两辆小轿车追尾了。看到了这一幕，我不禁心有余悸，又回想起那件惊险的事。

上个星期六下午，我骑着自行车来到了林百欣广场。广场的小路旁停着许多车辆，偶尔有一两个骑摩托的人，飞快地从我身边掠过。（貌似不经意间见到的沿路风景，其实是为下文飙车遇险埋下伏笔。）

天气晴朗，清风拂面，一片绿茵茵的草坪，小鸟在树枝上欢快地歌唱着。我不禁哼起歌来："太阳当空照，花儿对我笑……"突然我闪出一个念头：这条道路平坦宽敞，有一定的距离，也有拐弯口，酷似一条赛道，不如来秀一下车技。（闪念之间，危机已伏。）

说干就干，我深深地吸了一口气，加大了蹬车的力度。自行车踏板在我脚下飞速转动，链条沙沙地响起来，风儿也格外凑趣，推着我不断加快向前冲，那种一往无前的感觉真爽！我忘却了身边的一切，沉浸在飙车的快乐中。（作者极力渲染飙车时的得意忘形，是为下文"避让不及，险酿大祸"这一主要情节做铺垫。读者读至此处，当为作者暗暗捏一把汗，恨不能跳入文中喝止之。）

快到拐弯处时，突然听到了喇叭声，迎面一辆摩托车飞驰而来。（照应前文的伏笔，情节的突转在情理之中。）我心底一沉，意识到事情不妙，想要刹车却刹不住，眼看就要撞上了，心怦怦怦地跳着，几乎要从身体里跳出来，全身似乎都在发热。这时我瞥见路旁的草坪，赶快调转车头，一头撞进草丛里。车子侧翻在地，我瘫坐在草坪上，动弹不得。（前面飙车有多得意，这里摔倒就有多狼狈。故事在铺垫中一步步达到高潮。）

险情解除了，那辆摩托车扬长而去。我半天才缓过神来，用手摸了一下额头，全是冷汗！我的胳膊发凉，手也在不停地颤抖。惊魂稍定，我扶起自行车，推着它慢慢地、慢慢地走着，生怕再有什么意外。小鸟在枝头叽叽喳喳地，似乎也在责备着我！

那一次，我真恐惧了！偶然间的自我放纵，差点造成不堪设想的严重后果。回想起这件事，我暗暗告诫自己：不要因为一时得意，忘乎所以，以致招来无妄之灾。要谨慎些了！（有前文的叙述描写做足铺垫，文末揭示主旨就是水到渠成的事情了。）

（插图：汕头市东厦小学　周晓琳）

借情变兴波，写人间至爱

汕头市聿怀初级中学　蔡尉洁

　　冰心的《荷叶·母亲》是一篇写母爱的美文，作者借景抒情，托荷叶赞颂母爱，感动了万千读者。课文中作者的心情从"烦闷"到"不适意"，从"不适意"到"不宁的心绪散尽"，曲折道来，文章篇幅虽然短小，情感变化层次却很丰富。也就是在这样的情感变化过程中，逐渐将至爱亲情的感人力量推向高潮。

　　人们对人、事、物的感情是常常处在变化之中的，作者根据感情上的变化巧妙兴波的手法就叫情变兴波。同学们的日常写作，篇幅短小、题材琐杂，如果一味平铺直叙，未免索然无味，也不利于情感的抒发。尺水兴波，搅动情感的起伏，为的是使文章产生感人的力量。下文写的就是一件生活琐事，我们来看看作者是怎样"借情变兴波，写人间至爱"的。

那一次，我真感动

汕头市聿怀初级中学　李爽

　　都说"有妈的孩子像块宝"，那一次，我深深体会到了这一点。

　　风雨总是来得那么快，天上轰隆轰隆响的雷声伴随着一道道白蓝色的闪电，豆粒大的雨点拼命地砸在窗上，狂风大作，把树叶卷得满天飞起。"啪啪——"什么声音？是——冰雹！冰雹砸得雨棚砰砰作响，砸得四周车辆警报声迭起。（景物描写交代起因，推动情节发展，也为下文刻画人物形象做铺垫。）以前只在书上见过的冰雹居然落到汕头来了！我好奇心大盛，就想赶紧冲下楼去捡几个冰雹，看看它们长什么样。（一起，目睹奇景，兴奋之情溢于言表。）

　　然而，妈妈闻声出来拦住了我："捡冰雹？那可不行！你看看现在雨下得那么大，淋病了怎么办？而且冰雹是从天上砸下来的，受伤了怎么办？"不管我怎么央求，妈妈就是不答应。我赌气跑回房间，狠狠摔上门。妈妈真是讨厌，连这都要管！我感觉自己受了天大的委屈。（一落，行动受阻，懊恼之情难以抚平。）

过了一会儿，心情平复了点，我却听不到外面的动静，想想刚才是不是太冲动，惹妈妈伤心了？我心里有些不安，于是便走到客厅。找来找去，妈妈不在家，她去哪儿了？雨越下越大，我开始害怕起来。（一转，不见母亲，不安之情油然而生。）

这时候门开了，妈妈手中托着一个半个鸡蛋大的冰块，衣服湿漉漉的，雨鞋都顾不上脱，兴奋地说："女儿！你看，我把冰雹捡回来了！"（人物描写生动传神。）我又惊又喜，伸手去接，一碰到她的手，好冷啊！冰雹把妈妈的手冻僵了。"唉，本来我找到它的时候还挺大的，没想到化了那么多……"她还在那里惋惜着。那一瞬间，感动涌上心头。我拿开冰雹，紧紧握住妈妈的手，想把它焐热一些，之前心中对妈妈的小抱怨，也都灰飞烟灭了。（一起，心手相连，感动之情涌向笔端。）

那一次，我真感动，妈妈就是这么爱我，处处为我着想，想方设法满足我的小小心愿。妈妈的爱，让我拥有整个世界。

点评

本文主要描写了人物的情感变化。由"讨厌""不安"到"感动"，逐层深入，表现感人至深的母爱。原本单薄的故事情节，也因为情感的变化变得充实。

（插图：汕头市长厦小学　陈彦宇）

波澜造文势，曲径通主旨

汕头市聿怀初级中学　林晓璇

　　"山无起伏，便是顽山；水无潆洄，便是死水。"文章也是如此，古人云"文似看山不喜平"。文章张弛有度、一波三折、曲径通幽才能惊喜不断、引人入胜。纵观近几年各地的中考作文题，我们不难发现，命题组也在题目处设置了障碍，引导考生考场创作曲折有致的文章。如《那天，我捡到快乐的钥匙》《原来春天一直在我身边》《我不拒绝＿＿＿》《每座山都有自己的金顶》《＿＿＿是我制胜的魔杖》等等，情节有合理的转折、转折点场景够动人才是这类文章的重头戏，也符合读者的审美期待。

　　那么，"波澜造文势"的方法有哪些呢？（1）悬念法；（2）突转法；（3）抑扬法；（4）误会法。我们巧妙地运用一种或多种方法来构思和安排详略，可以使文章环环相扣、层层递进、主旨突出，往往会有"柳暗花明又一村"的惊喜。这里需提醒的是：要"情随境迁"，即"我"的心理活动配合情节务必及时、细腻，才能时时使读者产生共鸣，吊足胃口。下面以考场的一篇优秀作文作为范例，浅谈这几种方法的灵活运用。

身边的风景也动人

汕头市聿怀初级中学　陈梓航

　　星空下、歌声里，笑颜暖相印，那是永驻我心的动人风景。　　——题记

　　我停下回家的单车，把头往人群里探了探，必须把那个昨晚吵我复习的元凶揪出来！（前因铺垫从眼前场景入手，巧妙化繁为简。）

　　依旧是那样，空洞的声音里充斥着廉价音响的零件振动声，又在空中不断地盘旋，仿佛要将我吞噬。哼，扰民的家伙！（抑扬法、误会法：此为"抑"笔，吊足读者胃口。）

　　乐声——准确来说是噪声，在不停地扬起，翻腾，又落下，伴随着我愈

伸愈长的脖颈，直到几缕暗弱的光线从人头缝隙中泻出。什么！（长短句结合，突出噪音惹人厌恶，"抑"是为了托出接下来的"扬"，宜略写，否则会冲淡中心。而"我"的观望带动悬念突起，自然转入下文的"扬"。）

似乎有什么强大的力量突然挤压了我的心，血液愈发着急地朝头上涌动，眼睛里，只有暮色里灯光下的那个身躯。他似乎是用三个肿大的手指在支撑住麦克风的，肩部关节像钉了钉子似的连挪动一下都好像要花好大力气，从整个人来看，肿胀的手与短小的腿似乎是精心设计好的尺寸，我想看看他的脸，却只能从反射的微弱光线中勉强看到那几乎寸草不生的头，以及脸上明媚的笑。（突转法：抓住"风景"的"动人"处细细刻画，外貌、动作、神态、侧面烘托，修改后将身残志坚者的乐观自强展现无余。对"扬"处的详写，很好地突出中心。）

他在笑？！我大脑中运转的齿轮顿时卡住，他拖着这副身躯出来，他竟然在笑，这是无奈，或是乐观？我被疑问缠住。（心理变化的描写及时、真切。）

黑暗中，灯光下，又忽然出现了另一个小身影。难道是一块卖艺的"同伙"？但我错了。（突转法：情节再生波澜，悬念迭起，文章层次感更强了。）

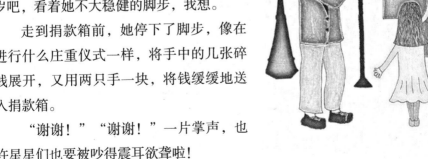

小女孩一步步朝前迈去，她的身后，是满天正在朝她注目的星星和满街的人，她不曾停下，只顾往前，我只看到她稚嫩的小手里还攥着什么东西，她也许还没五岁吧，看着她不大稳健的脚步，我想。

走到捐款箱前，她停下了脚步，像在进行什么庄重仪式一样，将手中的几张碎钱展开，又用两只手一块，将钱缓缓地送入捐款箱。

"谢谢！""谢谢！"一片掌声，也许星星们也要被吵得震耳欲聋啦！

小女孩抬起头来，看着那个男子，男子笑了，脸上本就不平的山地霎时又变成千沟万壑。小女孩也在笑吧，我只能看到她的后脑勺，但男子淳朴的笑容告诉我，是的！（这四段为"风景"的另一"动人"处，作者依然细细描

绘，主题意识很强。从环境烘托、动作神态刻画到心理感受，很好地突出了小女孩的善良、坚定和男子的淳朴。作者的叙述始终关照到"我"观察的角度，逼真所以动人。）

突然，又感觉有股神秘的力量敲击着我的心。而人群又似乎早便约好似的一块向前涌动，每个人，都有条不紊地进行那同样庄重的仪式。男子道谢不及，索性又唱起歌来。（突转法：波澜又起，"善"可以传递，情节被推向高潮，曲径通幽处，主题更突出。）

突然间我便明白了男子为何而笑，小女孩为何而笑，在这片夜色中，微弱的灯光也许照不亮世界，却照亮了人们的心。男子的乐观自强，人们的慷慨相助，一切的一切，便一起构成了我们身边最动人的风景。（生动的感触，虚实相映，主旨随情节而明朗、升华。）

把车靠住，下了车，我也朝前走去。（突转法：不是停留在感动，行动的呼应才是最强音，再次巧妙升华了主题。）

点评

小作者从身边的素材入手，一波三折、高潮迭起的构思，不仅透出他对生活的观察、对真善美的思考，更透出考场写作前对文脉的"运筹帷幄"，下笔方能"决胜千里"！"艺术源于生活又高于生活"，对于写作而言，"高"就是精巧的构思，是"创作"的"创"，是"艺术"的"艺"。当写作需要我们去谋篇布局时，你才发现，写作原来别有洞天、妙趣横生。

（插图：汕头市东方小学　陈翀）

曲折生变化，抑扬诉真情

汕头市第六中学　林奕嘉

欲扬先抑，也叫先抑后扬，是原本要歌颂、赞美、肯定，却不从正面平铺直叙，而是先从反面着手，用曲解、轻视、否定的方式去贬低、抑制，再转折变化，露出自己真实意图的一种构思方法。欲扬先抑的写作方法，能够使文章情节曲折多变、跌宕起伏，形成鲜明对比，让读者在阅读的过程中产生顿悟，从而留下深刻的印象。在我们学过的课文中，八年级上册鲁迅先生的作品《阿长与〈山海经〉》，就是一个极好的例子。

下面这位同学的作文，也是运用欲扬先抑手法较为成功的一例。

秋风中的温暖

汕头市第六中学　吴筱荞

入秋的校园，草儿悄悄地换了新装，花儿悄悄地结出果实，风儿穿过偌大的校园，带走了一片片飘落的花瓣，也带走了我的思绪。（倒叙开头，设置情境，引人入胜。）

记忆深处的那一天，初秋的风，吹散了夏天的炎热，带来了一片凉爽。可我却在秋风中瑟瑟发抖——早上出门急，穿得太少了。在教室里越坐浑身越是发凉，我无心听讲，望向窗外，期盼着赶紧下课。但铃声似乎故意要跟我作对似的，迟迟不响。（环境描写，反衬心情，交代了事情的起因。）

"这位同学，你来回答一下这个问题。"英语老师徐老师突然说。

我一下子惊醒，呆愣愣地看着老师。从英语老师来到我们班的第一天，我就不喜欢她。那时她总喜欢上身穿一件大红色的外套，下面穿着一条墨绿色的裤子，我觉得她的装扮太土气了，背地里曾跟同学嘲笑过老师的品位，而且她还整天让我们读英语。有一次我因为没有及时读英语还被她批评呢！从此以后，我就不喜欢上英语课了。（抑笔，补充交代了自己对老师的误解。误解源

107

自以貌取人，源自老师对"我"的严格要求，这也为后文"我"的情感变化做了铺垫。）

"这位同学，就是你，来，你来回答一下这个问题。"徐老师接着说。

我慢吞吞地站了起来，面对老师期待的目光，结结巴巴地问："什——什么问题？"

全班同学顿时哄堂大笑，我羞愧得脸上发热，而身上更冷了，心里暗恨老师，为什么非要让我出丑。

老师却没生气，只是让我下课去找她。

下课，我去了办公室。老师看着我苍白的脸色，又伸手摸了摸我的额头，轻声说："你生病了吗？"我抬起来头来，发现老师正看着我，脸上溢满了关切。我心头一暖，下意识地点了点头。

"那我的外套先借你穿吧！"老师说完，随即弯下身子，低下头，从最底层的柜子里拿出一件橙红色的外套。她把外套放在桌子上，关上柜门，又直起了身子，抬起了头，招呼我走近些。只见她拿起外套，帮我套在了身上，又细心地帮我拉上了拉链，整了整衣领。（细节处进行描写，老师的真诚关怀，打动了"我"的心，彻底改变了"我"对老师的看法。此处是扬笔，与上文的抑笔形成鲜明对比。）

当我从办公室走出来时，手中已经多了一杯热开水，耳边还回荡着老师的话："记得要多喝水哦！"凉爽的秋风在我身边打转，俏皮地吹拂着我的鼻尖，手心的温暖却似乎蔓延至四肢百骸。（作者通过环境描写，渲染了轻松愉快的氛围，烘托了老师的关爱给我带来的不一样感受。与前文的环境描写形成照应。）

风儿穿过偌大的校园，带走了一片片飘落的花瓣，花瓣落在我手心上，打断了我的思绪。一切的一切，都是那么的美好。就好像，老师的外套依然披在我身上，手中的温暖也还

在我心里蔓延。（思绪回归，照应开头，点明中心，抒发了对老师真诚的感激之情。）

点评

本文以"我"对老师情感的变化为线索，欲扬先抑，对老师前后截然不同的看法，更是形成了鲜明对比，丰富了文章内容，也突出了老师对学生的真诚关心。

（插图：汕头市金园实验中学　颜潞）

抑扬巧写人，起伏善传情

汕头市聿怀初级中学　黄琳瑛

　　欲扬先抑的写作手法，能使情节波澜起伏，表达出作者充沛丰富的感情。抑扬转化是对人物认识发展变化的结果，是思想认识和情感变化的反映，体现了作者对人物由浅入深、由表及里的认识过程。前面虽有抑笔，也是为后面的扬笔做准备。抑扬转化要自然，情感的变化也是随着对人物认识的不断加深而改变的。

　　下面这篇习作，作者采用了欲扬先抑的写法，情节曲折出人意料，却又在情理之中，避免了平铺直叙，使人物的形象更加鲜明，作者情感表达更加深刻。

我终于理解了他

汕头市聿怀初级中学　李佳莹

　　我十分讨厌我们家小区楼下看大门的保安。

　　保安是个中年男人，挺着个大肚子，活像个怀胎六月的中年孕妇。他看上去十分邋遢，脸上的胡茬永远刮不干净。脸上总是油光发亮的，本来就满脸横肉看上去更显胖了。（开门见山，对保安外表进行贬抑。）

　　刚搬家不久，爸爸就与小区的各个工作人员都熟稔了，尤其是保安，他们似乎有很多共同话题。他十分喜欢喊喊喳喳，还爱管闲事，一激动，口水沫子就满天飞，站在他对面的我就不幸"中弹"了。（抑笔，因为他的其貌不扬、对他的不了解和无心的举动而对他有偏见。）

　　我曾向爸爸投诉过保安的"罪行"，但爸爸却不甚在意，说："那你以后就不要站在他对面嘛，保安可是很辛苦的，既要保护我们的安全，还要深夜值班。"我不以为然。（爸爸的话为下文写保安的尽忠职守设下铺垫，使后面"我"对保安的印象转化过渡更自然。）

　　一天下午，我与我的小伙伴在小区里玩，嬉笑声一片。当我们正玩得忘我尽情地时候，保安神不知鬼不觉地来到了我们的后面，朝我们大喊："吵死了！"我们都被吓了一跳，讨厌的保安以什么别人都要休息为由把我们赶走了。我愤愤不平地对朋友控诉保安的种种恶行，他总是这样出其不意地破坏我们的好事，真是多管闲事！（抑笔，表现"我"对保安的不满是因为他"多管闲事"。）

走着走着，我突然觉得脚下一滑，身体急速下坠，我重重地跌倒在地。当时只感觉全身疼痛不已，动弹不得。双眼缓缓睁开，直感觉一阵昏眩，但可以清楚地听到我如打鼓般的心跳声，隐约听到朋友跑去喊人的声音。

渐渐地，我听到有人在呼喊我的名字，一抬头，便看到了保安那张熟悉的油亮亮的脸，脸上是一种从未见过的焦急的表情。他皱着眉头，看了看我出血的下巴，火急火燎地就背起我往医院跑。在天旋地转之中，他背着我一路狂奔，我能感受到他背着我吭哧吭哧的呼吸声，他那宽厚的脊背也让我十分安心。我第一次认为保安也挺可爱的。（扬笔，对保安帮助"我"的过程进行了细致刻画，他的再次"多管闲事"，使我对他的印象有了变化，先前由于他肥胖的外表而厌恶他，此时也觉得可爱。）

我终于理解了保安的辛劳与付出，他为了维护我们安宁的生活，一直坚守岗位，尽忠职守。从此，我对这个保安油然而生的敬重完全取代了之前我对他的厌恶。我终于理解了他。（"我"从厌恶到理解敬佩保安的过程，有了前面的铺垫，使得情感转变自然，且表现出保安始终如一的热心肠、尽职责的好品质。）

（插图：汕头市飞厦中学 黄悦冬）

行文善对比，个性愈鲜明

汕头市东厦中学　郑洁星

茅盾先生说过："正面的渲染方法不如对比的手法能够产生强烈的效果。"确实如此，对比通常将不同事物或同一事物不同的两面列举出来，加以对照，从中发现一个事物和另一事物的区别，或者是突出一个事物的重要特征，让读者在比较中辨别好坏、分清是非。运用这种手法，有利于充分显示事物的矛盾，突出被表现事物的本质特征，使形象更加鲜明，加强文章的艺术效果和感染力。

根据对立事物的性质，对比法可以分为三种。第一，横向对比，即把不同的事物组合在一起，以突出他们的性格、特征等区别，通过横向对比可以显示出这个人区别于那个人，这件事区别于那件事的独特个性和特点。如郑振铎的《猫》中，第三只猫的忧郁懒惰与前两只猫的活泼可爱形成对比，突出它不招人喜欢的特点。第二，纵向对比，即用一个人或一件事前后差异形成的对比，纵向对比是以时间的更替为条件的。如《植树的牧羊人》，高原由荒芜破败到生机勃勃的变化，突出表现了牧羊人创造的奇迹。第三，自身对比，指同一事物内部所表现出来的不统一、不协调、自相矛盾的现象之间的对照比较，例如《老王》中主人公外貌的丑陋和内心的善良，就构成了自身对比。

运用对比法应注意：（1）要有两相对应的可比点，才能形成对照，突出特点。（2）对比实际上是用一方去反衬另一方，谁主谁次，要根据表达的中心确定。

下面这篇习作，就很好地运用了对比的表现手法突出中心。

善良是真正的美丽

汕头市东厦中学　吴林禧

外婆家门前的草地像是藏有宝藏的海洋，孩子们总能在这找到乐趣，若是有人捉住那金色的甲虫，准让人围着，好不令人羡慕。我常能在这里得到满足，但当我那发小拿来另外一些稀奇玩意儿时，我总得寻思两三天，这时就会把这气怨在外婆身上。

我的外婆不高，眼角的皮肤耷拉着，鼻子塌陷得厉害，身体圆润，走起路来总是令人发笑。鼻子塌陷得厉害。发小的奶奶则很会打扮，看起来像个高贵的夫人，美丽端庄。（作者三言两语，就将两位人物的形象呈现在我们面前，朴实的外婆和外表端庄的发小的奶奶，对比鲜明。）

那几天，盛财一到中午就到家里来讨碗饭吃，他身上总穿着一件布满污渍的白衬衣，只是这次上面又多了些泥渍，每次他一来我便躲得远远的，发小的奶奶告诉我他是个小偷，所以我对他格外厌恶。我曾亲眼看见发小的奶奶瞪圆了双眼，指着他的鼻尖咬牙切齿地骂，甚至吐了一口唾沫到他身上！外婆却不是如此，她瞧见盛财如此不堪，急忙为他盛上一大碗饭，添上好鱼好肉递给他吃。他的门牙晃动了，说话很不清晰。外婆在他进食时总会与他唠上几句，询问他的情况。好像总提起谁的哥哥，每次盛

财都会安静地在一旁落泪，外婆便让他不要难过，还总在他临走时偷偷塞给他钱，有时也会将外公的几件旧衣服给他，盛财总是弓着身子，对外婆点头，慢慢地挪动脚步离去。（发小的奶奶和外婆对盛财的态度形成了鲜明对比，突出了外婆拥有一颗善良的心。）

有时盛财会帮外婆干一些体力活，只要是他能够做到的，他总是会咬紧牙绷着通红的脸帮外婆做，此时瘦弱的他好似高大了些。他像是知道我不愿靠近他，总是远远地看着我，偶尔会向外婆问起我的学习，送给我几支铅笔和几块橡皮。看着他的背影，我总觉得心里很压抑。我一点儿也不愿意盛财进我家的门，这会让我成为其他孩子的笑料，我不明白外婆为什么总是这样照顾他，拉低自己的身份，也让我丢脸。

113

有一天，外婆刚回到家，眼神有些恍惚，不知道往哪望着，似乎想对我说些什么，却又收起了话意。那阵子外婆总是呆呆地坐在院口，像是在思考着什么，还时不时发出叹息。后来我才知道，盛财去世了，他是自己跳溪死的。外婆好久以后还会偶尔向我提起他，念叨着说他父亲留下的家产全部被他同父异母的哥哥霸占了，他总被哥哥暴打、欺负……这样可怜的人，竟被我恨了好久。我不禁心生愧疚。（小作者不由得同情起这个"可怜的人"，与前文对他的厌恶形成了对比，知道真相后，"我"对盛财前后态度的变化形成了纵向对比。）

此时的外婆在我心里似乎高大了不少，她操劳了大半辈子，岁月在她脸上刻上的一道道痕迹，在我心中却焕然一新，她是那样美丽，无论是外表还是内心，她那颗金子般善良的心照亮了我的生活，让我明白了，善良才是真正的美丽。（通过"我"情感态度的变化突出了外婆那颗善良的心，产生了强烈的感染力。）

点评

小作者运用横向对比手法刻画了两种不同的人物形象，表达了鲜明的爱憎情感。外婆和发小的奶奶同龄，一个外表朴实，一个装扮华丽。多么大的差距啊！但是，外婆外表朴实，却关爱弱者，有着一颗善良的心，而发小的奶奶又是怎样对待弱者的呢？这又是多么鲜明的对比啊！小作者以对比的现象，赞扬了外婆优秀的品质。文章一褒一贬，在反映客观现实中，给读者以积极向上的力量。同时，文中又善于运用纵向对比来反映"我"对盛财情感的变化和对外婆情感的变化，突出"我"发现外婆有一颗善良的心后情感的转变，也突出"我"对这一优秀品质的赞颂。

（插图：汕头市聿怀初级中学　严之艮）

正反相映照，转折渐铺设

汕头市聿怀初级中学　李丹霞

正反映照式，即选取有显著差异的两组内容（可以是相反或相对的两个事物，也可以是同一事物的两个方面）设置对比点，利用转变契机，使文章前后两部分的内容正反互为映照。叙事文章采用这种结构可以使事件的发展脉络清晰，更具波澜和趣味，还更能凸显中心。

运用对比映照式的要诀有哪些呢？第一，行文时一定要设立对比点；第二，应根据中心来处理好正面材料、反面材料以及两者之间的转变契机这三个部分的详略；第三，正反材料中主角的前后变化不可能一蹴而就，所以转变契机中情节和情感的变化必须要逐层铺设，这是重点，也是难点。

那么，具体如何运用对比映照式让文章更出彩呢？我们一起来看一篇学生的升格范文。

希望刷新了我的生活

汕头市聿怀初级中学　张恩海

"山重水复疑无路，柳暗花明又一村。"在你消沉的时候，总有一束温暖的光芒划开无边的黑暗，指明道路，给你新的希望。（"柳暗"与"花明"，人生的"黑暗"与"希望"，作者在开篇巧设对比点，简洁点题。）

"这么简单的题目都不会！"一同学大声嚷嚷，而嘲笑的对象是我。我站在讲台上，望着眼前的数学题，毫无头绪。似乎这么久以来的努力根本没用，我很是绝望。最后，老师忍不住说："你先下去，下课找我。"（反面材料，略写交代"绝望"的原因，更凸显出"我"的沮丧和无助。）

回家的路变得比以往寂静，冷清清的。我没勇气回家面对父母，便找了张椅子坐下去，呆滞地望着天空。仰望的天空中多了几丝白线，仔细一看是张蜘蛛网。上面有一只小蝴蝶，我可以看得很清楚——它在挣扎。（层次①，

115

先简洁地交代转折契机的起因。）蜘蛛不在网上，但是蝴蝶似乎还是很惊慌，它努力地扇动翅膀，企图挣脱，却只是引起了蜘蛛网微微地颤动。我想，"它迟早会成为蜘蛛的晚餐的"。（层次②，描写蝴蝶一开始的努力，并根据"我"此刻绝望的心理而对它的做法做出的相应的心理反应。）太阳渐渐坠入地平线了，蜘蛛在网上出现了，它张开魔爪，伸向那无助的蝴蝶，蝴蝶挣扎得更拼命了，它一边扇动翅膀，一边扭动着自己的躯干，我甚至都可以体会到它内心的惊恐。蜘蛛越来越近了，阳光也越来越暗淡了。"放弃吧，为什么要做无谓的挣扎呢？"（层次③，蜘蛛的出现将情节进一步推向高潮，写出蝴蝶的不放弃；让蝴蝶放弃的心理独白，其实是在进一步影射"我"此刻绝望的心理，既呼应了上文，又为下文的转折做铺设。）可是，蝴蝶并没有绝望，反而拼尽生命的所有力量向前扑动翅膀，仿佛要将树杈也撼动。就在我以为它将失去生命的那一刻，奇迹发生了———一阵风助力，蜘蛛网破了，蝴蝶重新回到天空的怀抱，只剩下蜘蛛狼狈地掉在一根蜘蛛丝上随风晃动。（层次④，蝴蝶求生的希望创造了转折部分的高潮。）

我无法判断究竟是蝴蝶永不放弃希望而挣脱了蜘蛛网，还是那阵风成就了它？时间仿佛定在这一刻，蝴蝶求生的心，像一束温暖的光芒，划开我心灵的黑暗：没有什么事情是不可能的，不坚持到最后你永远不知道世界上是否存在奇迹。我有什么理由放弃希望呢？（心理转变水到渠成。）（以上两段详写"我"从反面到正面的转变契机，是主体事件的重要部分。）

在我之后的生活中，每当我考试失利、心情忧郁的时候，我总会想起那只蝴蝶，它使我明白了，永不放弃希望，才能不断刷新生活！（正面略写"我"重拾希望后的收获，议论点题。）

点评

蜘蛛与蝴蝶的较量这个素材也许未必能让人眼前一亮，但作者利用正反映照式将主角"我"前后的不同表现进行对比，抓住促使"我"形成转变的契机——蝴蝶挣脱蜘蛛网的经过，通过生动细腻而又层次鲜明的细节描写和情感铺设，让"我"从失去希望到心存希望的态度转变显得令人信服。

（插图：汕头市大华路第一小学　林曦贤）

添笔文生姿，渲情显中心

汕头市聿怀初级中学　林郁

七年级上册《羚羊木雕》中运用插叙向我们展现了一个热情仗义的万芳形象，与重物质的父母形成鲜明的对比，发人深省。

恰当地运用插叙，可以丰富人物形象，充实文章内容，使情节紧凑曲折。更重要的是能够渲染情感，突出中心。

写作时，我们应注意：在与中心相关的文段中设置插入点进行插叙，同时插叙的内容要紧扣文章中心。为了使插入的内容与原文完美结合，要注意好过渡，插叙开始和结束应有相对应的语言标志点。

让我们一起来看下面这篇文章对插叙的运用。

幸福来源于一个红包

汕头市聿怀初级中学　刘思琪

幸福不需要惊天动地，只需一个瞬间。

去年除夕，那个红包，是我幸福的见证。那天妈妈忙里忙外，紧张地筹备团圆饭。那是愉快的一天，哥哥姐姐都回家了，更重要的是在外操劳一年的爸爸也回了家！

爸爸是家里的顶梁柱，为了让我们这个经济一般的家过上更好的生活，爸爸外出工作，一年只回几次家。因此，每次见到爸爸都是我最幸福的时刻！（插叙，交代爸爸外出工作的缘由，突出了"我"期盼爸爸回家的心情，也使得故事集中发生在除夕夜。）

不到七点我们就开饭了，屋外的烟花声点燃了我们过年的气氛。一家人难得一聚，自然话题也多，从我们的学业到家里的喜事再到爸爸工作时的趣事，每一口饭菜，每一句话语，都是满满的幸福感。

饭后，爸爸用他那双布满沟壑、粗糙而宽大的手给我们发红包。拿着那厚实的红包，我们乐不可支。看到我们得到红包后露出的笑容，爸爸也安心地品尝着美酒。我在一旁美滋滋地数着红包里的钱，无意间抬头，突然发现不知何时，爸爸头上又多了几撮白发，眼角也爬满了鱼尾纹。低头看看这红包里的钱，仿佛每一张钞票都是爸爸头上的白发和眼角的皱纹，我不禁鼻子一酸……（由爸爸的白发和皱纹产生联想，引入回忆，自然过渡到插叙。）

暑假时，我曾到爸爸工作的地方待过一段时间。每天早上睁开眼，爸爸已经外出上班，晚上七八点才回到住处匆匆为我准备晚餐。吃完晚饭后，爸爸往往还要熬夜工作，连周末也不例外！有时甚至是通宵工作，第二天又顶着一头蓬乱的头发和大大的黑眼圈去上班。一发了工资，爸爸就会带我到外面吃顿好的，然后就将剩余的大部分工资汇回家，自己只留一小部分。（插叙，记叙爸爸为了我们一家辛苦工作，表现了红包中饱含的浓浓父爱，突出红包带给我幸福这一中心。）

我手头这个这么厚实的红包想必也是爸爸平时省吃俭用积攒下来的。（由爸爸的省吃俭用推断红包的来由，自然地结束回忆。）我吸了吸鼻子，再望向爸爸，他正一边抿着酒，一边慈爱地看着我们数红包。我捏着手里的红包，感到幸福倍增，不仅仅是因为得到红包，更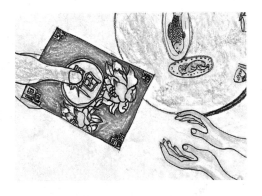重要的原因是红包里的每一张钞票都是爸爸努力拼搏挣出来的，是爱我们的表现，这也让我感受到了真正的幸福。

爸爸在饭桌上静静地享受着这份团圆的幸福，我也静静地享受着爸爸的红包带给我的幸福。

点评

小作者在文中多处运用插叙，丰富了爸爸拼搏为家的形象，为接下来的抒情蓄势，突出了我从红包中感受到父爱而倍觉幸福这一中心。同时插叙的运用，也使得文章结构紧凑，情节详略得当。

（插图：汕头市聿怀初级中学　严之艮）

倒叙设悬念，前后巧衔接

汕头市聿怀初级中学　方敏

　　倒叙是根据表达的需要，把事件的结局或某个重要、突出的内容提到文章的前边，然后再从事件的开头按事情原来的发展顺序进行叙述。

　　采用倒叙的情况一般有三种：一是为了便于调动情感，勾起回忆；二是为了造成悬念，吸引眼球；三是为了使文章结构富于变化，情节曲折有致，避免平铺直叙。比如朱自清的《背影》，"我与父亲不相见已二年余了，我最不能忘记的是他的背影"，开头就直抒胸臆表达自己对父亲的思念之情，从而勾起下文的回忆，并以"难忘背影"点明线索且制造悬念，激发读者的阅读兴趣。

　　倒叙并不是把整个事件都倒过来叙述，而是除了把某个部分提前外，其他仍是顺叙的方法。倒叙时要交代清楚起点。倒叙与顺叙的转换处，要有明显的界限，还要有必要的文字过渡，做到衔接自然。特别要注意，不要无目的地颠来倒去，反反复复，使文章的眉目不清。

　　把最突出、最扣人心弦、最吸引人的故事情节或者故事结局直接放在文章开头，是最常见的一种倒叙方法。请看下面的例子。

飘落的幸福

汕头市聿怀初级中学　陈心仪

　　鸟叫，蝉鸣，流水声……躺在泥土中的我越来越虚弱，我知道自己在慢慢地消释，而幸福也洋溢在心中……（开头巧妙地利用倒叙的手法，先交代结局"躺在泥土中的我越来越虚弱，我知道自己在慢慢地消释，而幸福也洋溢在心中……"，既调动情感，突出"幸福"的感受，又设置了悬念，让读者思考"为什么生命在消释也能洋溢幸福"，自然引出下文的回忆。）

　　我曾是一片嫩绿的叶子，我生活在一棵大树上。（这是倒叙与顺叙的转换处，也就是必要的过渡，"曾"既点明了起点，又自然连接了下文的回忆。）每天，蝴蝶、蜜蜂围绕着红的、蓝的、白的花自由飞翔，我享受着阳光的温暖，我的嫩绿和花海的彩色让大自然五彩斑斓，我是幸福的，我在盛夏中感受着爱和欢乐。

时光匆匆，沉浸在幸福中的我忽然感到阳光不再强烈，风不再温和，它呼啸着，吹得我的脸直发疼。我的昆虫伙伴们也不知去了哪里，天气越来越寒冷。耳边呼呼的风声和哗哗的雨声让我越发不安，耳边突然响起树爷爷浑厚的声音："孩子们，你们即将完成伟大的使命，爷爷会以你们为傲的！"话音刚落，我身边的叶子们开始吵闹起来。

"我们是要死了吗？"身边的叶子问，还没等我回答，大家就哭着喊着"不要！"它们拼命地摇晃着身子。我看见我的家人、朋友纷纷掉进深渊，我的眼睛变得湿润，我不要啊，我还没好好感受世界的美好，我不想和它们一样坠入深渊，我是自私的，我紧紧地抓着树爷爷，害怕一松手就掉下去，我要等待下一个盛夏！

看着自己一天天变黄的身体，我再也不是那嫩绿的叶子，而是一片让人恶心的黄叶。我这个样子大家会喜欢我吗？它们一定埋怨我毁了盛夏。这时，脑海中响起了爷爷的话。"孩子，别忘了使命啊！"对了，爷爷说的使命一定是让我成全下一个盛夏的完美。

狂风呼啸，我脆弱的身体再也经不住了。我想通了，不再紧紧抓着树爷爷的手，我闭上眼睛，感觉自己轻轻飘飘，风忽然温和，我想既然要飘落就应漂亮地落下，我哼着小曲，好似在风中舞蹈，树爷爷温柔地说："孩子，你很美。"

现在，我虚弱地躺在脏乱的泥土上，渐渐融入泥土中。（首尾呼应，再次呈现动情场景。）我在那密闭的土地里很无助，在我还存在一丝意识的时候，我听到有人对我说："谢谢你姐姐，给予我水分。"隐约看到它

是一粒嫩绿的种子。

鸟叫，蝉鸣，流水声……我在沉睡中梦见了曾经的盛夏，那个给我幸福的盛夏。

我从自私不想落下，到退一步接受落下的过程，尝到了许多滋味。而我小小的让步，成全了盛夏的完美，挽救了种子的生命，我的飘落是伟大的。我从中得到了快乐和幸福。（解开悬念，点明题旨。）

（插图：东方小学　许婷）

蘸笔拓想象，点墨习章法

汕头市第四中学 郑绮瑜

诵读学习古诗词之余，让学生根据诗境充分调动联想与想象，将诗词扩展改写成散文，这种再造想象是促发写作灵感的有效尝试。七年级的学生，在不断地练习中，思维被充分激活，从最初的简单循句译诗，到渐渐拓展想象的空间，补充诗词的空白，丰满诗词的形象，丰富诗词的意境，并从中获取写作的素材与章法的启发。

下面举一例学生改写的作文来谈谈。

滁州早春

——《滁州西涧》改写

汕头市第四中学 袁静

潺潺的河水从山顶蜿蜒而下，卧龙般隐匿在这深山中，带着未完全消融的冰雪，一股初春余寒，不禁让人觉得眼前的绿意只是海市蜃楼。（开篇紧扣诗题中的"涧"来展开写景。）山中气候依然处在严冬，但山麓已经生机盎然，虽梅花已凋，桃花也还未开，但那最平凡的小草却兀自幽幽地长了一大片，给这丝绸般的河流嵌了一条宽幅绿边。（自高而低，由山顶写到山脚，再沿着河边目及这一大片的"幽草"，进而顺理成章地引出下文对草的特写。）

谁说草儿不开花，那一点星白的、一点黄的不就是花么？虽不及荷花的雅致，不比月季的艳丽，更说不上牡丹的雍容华贵，但翠嫩嫩、青莹莹的草尖顶着一丁点的纯白鹅黄，独有一番早春的清秀，是这个春天最早萌芽的生命之花。这骨子里的执着也是我偏爱它的原因之一。（运用对比，紧扣诗眼"独怜"二字做文章，这旧年草芥，新春却长出花芽，着笔写其顽强生机，也暗示了情感倾向。）压抑了一冬的树丛里也有了些活力，抬眼一望，一抹嫩黄在密密层层的树叶间跳跃，是黄莺，它娇媚地嘤嘤啼鸣……（由低向高，以动

123

态、听觉写出黄鹂声声，作为"幽草"的陪衬，笔墨分配合理。）

但我无暇去赏游，此刻衣袖拂动，刮出阵阵劲风，掠过矮树丛，窸窣作响。（动作的描摹，配以听觉写出"我"此刻赶路的急切，悬念顿生。）赶到岸边时，却只有空舟一只在水面悠悠地飘转。不见舟子影踪，"欲济无舟楫"啊！（"悠悠地飘转"是诗句中"自横"的注脚，舟儿悠然自在和"我"一声叹息形成对照，引用孟浩然的诗句也暗示了诗人的处境。）我徘徊着，望着木舟，急促的水流格外聒噪。水中一条鱼也探出水面，带起一圈圈涟漪，它张望着，欢快地在水面织出一条条线，就像被猫儿打散的毛线团。岸边的柳林还稀稀疏疏的，夕阳的晖光透着缝隙在河面上打上一个个金圈。我眼波一闪，那条鱼也潜入木舟下，那无纹的水面就像什么也没有发生过……（这里的补笔充分显现了小作者的想象力，鱼儿不屑理会我的急切，自有它的自在与愉悦。这就是自然界的物景，安然自在，人们的喜怒哀乐，又与它何干？）

优秀的诗词改写，往往都在内容章法上做到了以下几点，实际上，这也是学生在写作中可以借鉴的几个要素。

1. 以主旨为圆心，拓展联想、想象

改写需遵循一个基本原则，那就是了解创作背景，把握诗词主题。这也是想象、联想的前提条件。如本篇的改写，就是抓住了诗人"思欲归隐，故独怜幽草；无所作为，恰同水急舟横"的矛盾无奈的处境和心情来展开写作的。

2. 以线索勾勒框架

细品古人诗词，往往都会有一种借以连贯全诗的物象，如李白笔下的"月"，郑板桥诗中的"竹"。在改写中，沿着诗中某一特定的意象，就可以在布局谋篇时"胸中有丘壑"。如本文作者就着"山涧"开篇，自上而下，沿河之景、铺设之情也就顺势而出了。

3. 以炼字蘸点细节，勾画形象

一首诗词，最能透露诗人情感的往往就是一两个字眼，如果改写中能抓住它们通过细节描写或恰当的写作技巧表现，则形象也可呼之欲出。如此文中运用对比突出了诗中的"独"，运用视听表现"急"与"自横"，形神兼具。

4. 以五感点染画面

视觉、听觉、触觉、嗅觉、味觉的感官描写，让画面变得灵动立体，活泼生趣。此文中的改写便较好地运用了视听结合，动静相生来描画滁州春景。

5. 以氛围渲染情境

诗词的氛围是全诗的格调基础，在改写中把握好上述几个方面，在情境上就会有比较准确、统一的体现。如上文最后几句"那无纹的水面就像什么也没有发生过……"，联系全篇咀嚼一下，便是余味无穷了。

（插图：汕头市东厦小学　黄瀚逸）

巧用书信体，格式有新意

汕头市岐山中学　吴锡钦

什么是创新作文？创新作文，就是敢于颠覆常规、颠覆传统作文写作视角和思维的作文。而写作格式、立意及表达上的"反传统"也许会给人带来眼前一亮的效果。从写作格式的角度看，"书信体"是初中阶段比较容易掌握和接受的一种尝试。

"书信体"最大的特点是抒情性，易于抒发自我的真情实感，便于拉近作者和读者之间的距离，增强文章的感染力；写作主客体选择自由灵活，可以是自己，也可以是他人；结构安排选择多样，可以是一封信作为一篇文章，也可以是两封、三封或者更多的信组合成一篇文章；可以综合运用多种表达方式，语言感染力较强；写作目的多样化，可以表达情感、自我检讨，也可反映社会问题、发出倡议等等。

下面这篇文章，就是学生采用"书信体"的习作。

我最亲的人

亲爱的奶奶：

你好吗？身体依然那么健康吧，我好想你。

记得小时候，我只有靠着你的肩膀才能睡着。因为那是最温暖、最可靠的肩膀啊，是我最珍惜、最能抚慰我的港湾。

对不起，无法在面对你时说出口，但也请你相信我的真诚。

是我错了。你每天不辞辛苦地整理着屋子，照顾着我的生活起居，我却时常说你烦，冷眼相对，只怪我不懂事，请你不要介意。你可以像爸爸妈妈一样骂我，教育我，因为你是我最尊敬的奶奶呀！请不要看轻自己的地位，不要不敢亲近我。

你知道吗？我深深地了解着你对我的爱。每晚浅睡时，我总做同一个美梦。慈祥的你静静地坐在我身旁，看着睡着的我，用你的爱心抚摸着我，仿佛一阵清风，吹散烦扰着我的愁云；宛如一抹阳光，温暖我身心，我舒服得像融化了。可鼻子却告诉我那不是梦，因为有一股清香的泥土味，是你身上的味道。

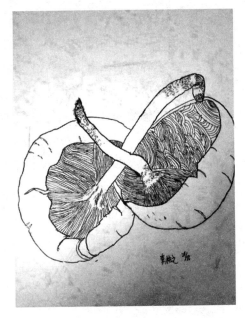

还记得那天，我的好奇心逼着我睁开眼，啊！实实在在的就是你。我想再靠上你的肩头，可你却像做错事的孩子，说了句"好好睡吧！"就匆匆走了。是我的任性，将你推开了吗？

忘不了，忘不了运动会那天你的拥抱。在我一再地劝说之下，你答应不来学校看我比赛。可我报的是长跑啊。一圈，二圈……直到身体不受控制，距离虚无了，脑中突然想起了你的肩头，在冲破终点线的那一刻，我拼命寻找着可以依靠的人。突然地，我发现天使般的你还是来到了学校，来支持精疲力竭的我。我一下盯住你扑了上去。我知道你的肩头不会倒下，那是多么值得信任的肩头啊！你紧紧地抱住了我，神奇地给我注入了力量，我的依靠就在这儿。因为我的坏脾气，不敢亲近我的人，就是我最真的、最牢固的、最温暖的依靠。

奶奶，让我们回到从前，让我再在你的怀中睡去。你可以批评我，可以抚慰我，可以拥抱我。我需要你的教育，需要你的爱护，需要你的拥抱。奶奶，让我悄悄对你说声"对不起"，奶奶，让我悄悄对你说声"我爱你"！

奶奶，祝你健康快乐！

你的孙女

2016年6月13日

文章中，小作者采用书信的格式，以第二人称的叙述方式，深情回忆了两个生活片段，将奶奶对"我"的爱被具体化为带着奶奶身上"清香的泥土味"的"同一个美梦"和"值得信任的肩头"，形象鲜明，亲切感人，读来历历在目，颇具艺术感染力，给读者留下了真实深刻、温馨动人的印象。

对一些性格内向或内心敏感的孩子来说，书信交流更有利于他们充分表达细腻的情感，提升情感的质量。其效果是面对面的交流所无法比拟的。通过信件，一些不好说、不敢说的话语，经过字斟句酌后，得到恰当地表达，情感更容易流露于字里行间，从而使孩子与亲人的交流更加融洽，更易引起共鸣，情感也更为温馨动人。从形式上来讲，阅卷老师看惯了千篇一律的平铺直叙，难免会审美疲劳，这种表达更能让他们耳目一新。

当然，采用书信体写作，我们还要注意严格按照书信的格式写作，要找准倾诉的对象，紧扣文章话题、紧扣材料中心展开，内容上以情动人、以理服人，语言上要得体、有礼貌、讲分寸。

（插图：汕头市长厦小学　李杭之）

（插图：曾广琪老师美术工作室）

设情感线索，连全文脉络

汕头市东厦中学　郑洁星

以情感为线索，就是用文中人物思想感情的变化，将相关事物或事件连贯起来形成一篇文章。

以情为线能起到牵一发而动全身的作用，在写作的过程中通过人物的感情变化来揭示人物的内心世界，刻画人物的性格特点，并推进故事情节的发展。

魏巍写《我的老师》，由回忆开端，写了儿童时代在老师身边的七件小事，从课内写到课外，从校内写到校外，从平时写到假期，从学习写到生活，师生感情步步加深，由喜欢、亲近、感激、依恋到想念，孩子对老师感情的分量一天比一天重，由表及里，层层递进，并逐渐把文章推向高潮。

以情为线要做到三个字：①真。感情要真实。只有将真实的感情与文章内容融为一体，方有感人之力量。②变。就是随着情节的展开，人物的感情要有变化。③穿。就是感情线索要贯穿文章始终。

以下这篇作文，就是在文中设置情感线索，从而联通全文脉络。

脚　步

汕头市东厦中学　吴林禧

在我的印象里，你的脚步总是那样急促，从未停歇。当我还揉着惺忪的眼睛，睡意蒙眬，你早已整理好着装；当我使劲在餐桌上吞下滚烫的粥，你却耐不住等待，一遍一遍地催促着我。我的姐姐，你总是那样匆匆，从不等我。

还记得那一天，你皱着眉头，一会儿站起来来回走动，一会儿又坐下，目光时不时地打量着手腕上的表。我依旧不紧不慢，这粥实在太烫，急不得。忽然你搭起书包的背带，对着厨房里的母亲说："我先走了，等不了那些总是迟到的人。"不等回话，你便急匆匆地关门走了。只剩下我在餐桌上发呆，任

130

由时针走动……

从那天以后，我俩就再也没有同行去学校。每次在上学的路上，你的身影总在可望而不可即的前方，这对我来说是一种挑衅，是心头一簇时常燃起的火苗。（因为被姐姐甩开而生气，情感的变化由此展开。）

午后的燥热逼迫着我，虽说没怎么赶路，但脸上还是爬满了汗珠。上学的途中是那样的枯燥无味。突然巷边一家的百合花吸引了我，但很快我又感到一丝惋惜：精神翠绿的叶茎上长着许多嫩绿的叶子，茎的最顶端只挂着一朵铃铛似的百合花，我无心关注它究竟有多美，只觉得它很是孤独，没有另一朵花陪伴它生长。（景物描写，烘托"我"此刻孤独寂寞的感觉。）遥望前方的背影，你离我更远了，我心里说不出的难受。

这时我的肩膀却不知被谁轻拍了一下，转头一看，是姐姐的一个朋友，她的手搭在我的肩膀上，笑眯眯地说："怎么？你姐姐总是等你，你为什么不跟上去？""她在等我？"我立刻反驳。大姐姐却不说什么，只是笑一笑，就迈开了步子。

我有些疑惑了。仔细地观察着前方的背影，方才发现：当我慢了，离你越来越远时，你便停下来，侧着脸等待；当我快步走去，你便大步前行，生怕被我超越。走着走着，我心中涌出的情感在不停地翻滚着。

懊悔与愧疚充满着我的心：这些天为了避开你我没少绕弯路、放慢速度，没少埋怨、生你的气。望着人群中那个停下急促的步伐等待着我的你，仿佛周围所有的欢笑声都在嘲笑着我，藏在你脚步下的，竟是你对我细腻而又平淡的爱，我却从未发现。（由难受、疑惑、醒悟到懊悔与愧疚，文章通过设置情感线索来贯穿全文，真实地写出了我从不理解姐姐的用心到感受到姐姐的爱的情感变化。）

我鼓足了勇气跑上前赶上你，吞吞吐吐的道歉引得你哈哈大笑，你拉着我的手，还是那样催促着我，但一切却似乎与从前不一样了，心中那簇顽强的火苗悄然熄灭。我知道，那是你对我无声的爱，是一种藏在脚步下的爱。未来的路上，你携着我，我们手拉着手向前走去。

（插图：汕头市金园实验中学　颜潞）

131

一线贯全文，聚焦动情点

汕头市聿怀初级中学　蔡尉洁

名篇《背影》围绕"背影"这一线索，细致刻画了父亲的背影这一形象。背影是父亲忧患潦倒的印记，背影表现出父亲对儿子真挚的爱，背影是依依惜别中父亲最后留给儿子的印象。文章抓住了人物形象在特定环境下的特征，提炼线索聚焦描写，集中地表达感情。

记叙文不仅要写出事情的发生及发展变化，还要抒发我们的感想。有时文章不只是写一件事，一种感受，内容更是繁多。那么，怎样串联起这些内容，让人觉得繁而不乱呢？那就需要提炼一条线索。线索是作者思路在文章里的反映，是把文章内容贯穿成一个整体的脉络。有了线索，就能考虑如何安排层次，如何开头、结尾，如何伏笔、照应。围绕线索，聚焦画面镜头，展开一定的细节描绘，并融情于画面中，才能使文章结构严谨，条理清晰，中心突出。下面这篇例文，是学生在原作基础上提炼线索聚焦描写后呈现的作品。

记忆深处最值得珍惜的画面

汕头市聿怀初级中学　翁嘉婕

"拉钩，上吊，一百年，不许变，变了就是猪八戒！"当年我们两只小指紧紧相勾，信誓旦旦地要做一辈子的好朋友。（开篇聚焦手部描写，勾勒出一个纯真友爱的画面，用情景扣题。）但过了八年，时间冲淡了一切，无情地将我们的心拉开距离，那糖果般的一个个画面，已经埋藏在记忆深处了。

那是儿童懵懂的时期，刚踏入幼儿园大门的我还是个孤僻的人，直到那天，她向我伸出那双温暖的手，脸上挂着灿烂的笑容："我们做朋友吧！"我也笑了，去牵她的手，小手拉着小手，拉近了两颗心的距离。从此我们形影不离，还拉了钩要做一辈子的好朋友。她的手牵引着我与别人接触，那甜甜的画面融入我心。

132

还有一次，她对着因打针而害怕得头晕目眩的我，笑得那么灿烂："悄悄告诉你，打针只有一秒而已哦，你在心里数一，零就好了！"见我迟疑，她又笑着，牵起我的手和我拉钩，而后，用她那小小的手心紧贴着我的手心，热汗代替了冷汗，温暖代替了冰冷，那暖暖的小手让那时我的心里不再恐惧。"一……零！"那冰冷的针筒抽出来了，我全身轻松，而汗却浸湿了两只小手。只是那些手心里的暖意不散，而又渐渐扩散到我的心中，像糖果的那股甜劲儿，在我心里融化与蔓延……过了八年，这画面仍然如此清晰，那紧贴手心的暖和是对我的鼓励。

犹记得幼儿园毕业那天，我和她一起合唱《隐形的翅膀》。站在舞台上，怯场的紧张让两只手都在不停地抖，我们十指相扣，将心存的勇气紧紧握住，让紧张与胆怯没有缝隙再钻入手中。这一刻，我又一次感受到她手心的温暖，我下意识稳稳握住，握住这深情的温暖。渐渐地，我们忽略了台下的观众，"不去想，他们拥有美丽的太阳，我看见，每天的夕阳也会有变化"。歌声依然在耳边萦绕，而毕业那天的画面，一只手传递给另一只手的温暖，似乎仍在我的手心温存。（以手为线索，贯穿联结三个画面；以手为情感聚焦点，传递友爱与温暖。）

白驹过隙，岁月如梭。一年级的亲密到三年级的疏远……以前的约定，糖果般的画面，还有那双温暖人心的手，终究只能成为回忆，只能埋藏在记忆深处。（呼应开头。）

133

若干年后，我才明白，那段友谊是我最值得珍惜的啊，记忆中的那双手，一直给我传递力量，一直给予我无限温暖。（明确定义"手"的内涵。）忙碌时，不妨回首思量——记忆深处那些最值得珍惜的画面，那些曾经的童真友谊，约定与梦想，又怎能说丢就丢，说忘就忘呢？（明晰"画面"的含义与价值，揭示主题。）

点评

考场原作存在主次不分，描写脱离中心，结构松散，叙述前后不衔接的问题。修改后，文章主次分明，情感真挚，叙事线索清晰，对动情点的描写，集中、凝练，从而使画面更鲜明，结构更紧凑，主题更突出。

（插图：汕头市金园实验中学　李佳颖）

用景物线索，扣文章情感

汕头市岐山中学　吴锡钦

优秀的记叙文，常常有一条线索贯穿全文。线索主要是指贯穿在整篇文章中的情节脉络，以及作者表现在文章中思想感情的起伏变化。可以把文章内容有机地连缀起来，串联起文章中的全部人、事、景、物，使文章结构更加严谨。

很多文章都是以景物为线索。用景物作为线索安排事件内容，虽然易学，但也要注意一点，就是景应与人的情感具有密切的关系，景物描写的变化一般来说和人物情感必须一致。

下面来欣赏学生的习作《秋日，那一抹暖阳》。

秋日，那一抹暖阳

汕头市岐山中学　郑佳微

早上醒来，阳光透过大大的玻璃窗照进来，房间里明亮而温暖。

我迷迷糊糊地起床，慢吞吞地来到餐桌旁，一眼就看到妈妈留下的字条："宝贝，菜留在锅里，凉了就热热。吃完饭要学习。""唉！好不容易过个周末，老妈也不放过我。"我嘀咕着将纸条团起来，扔到了垃圾桶里，就去看电视了。

不知不觉一个上午过去了，妈妈下班回来，看到我悠闲地蜷在沙发上，就生气地说："怎么就知道看电视？"我抬头，看妈妈一副气冲冲的样子，顿生一股叛逆之心，就没有动。

"快去学习！"妈妈冲着我吼了起来。

"学习，学习，除了学习就没别的了！"我一时忍不住，委屈地喊起来。接着，我冲出了家门，不想再听妈妈的唠叨。

走在外面，秋日的阳光很是明媚，但我却没有感到一丝温暖，只觉心里

堵得难受。我低着头，一边走，一边狠狠地踢着地上的石子，好想把一切愤怒发泄到它的身上。

我漫无目的地走着，不知道要到哪里去。大街上，行人如织，那疏离的目光使我倍感孤独。这时，肚子发出"咕噜噜"的叫声，抗议着我对它的漠视。我不由得想起妈妈进门时放在餐桌上的纸袋，那一定是美味的"神龟馅饼"吧。知道我爱吃，每次周末回家，妈妈都专门给我买一份。

是啊，妈妈总是把我放在心坎上，我的愿望，她都会尽量满足。可是我呢，妈妈要求我好好学习，不也是对我负责吗？我为什么总这么抵触呢？我的眼前浮现出妈妈焦急的脸庞，我知道，这次是我错了，妈妈只是恨铁不成钢啊！

阳光透过树枝斑驳地洒在我身上，不知不觉中，我已走回了小区。那扇熟悉的窗户里，一个瘦削的身影正在焦急地来回走动。我的心头掠过一丝酸楚，擦干眼泪，往楼上跑去，那里，有比秋日暖阳更温暖的——母爱。

点评

文章中，小作者选取了生活中与母亲之间发生的一次小矛盾，以秋日为明线，以对母亲情感的变化为暗线，通过有条理的叙述和细腻的描写，很真实地表现了"我"对母爱的理解，抒发了"我"对母亲深深的感激之情。文章题目"秋日，那一抹暖阳"，一语双关，以自然景物衬托出深沉的母爱，文章处处紧扣题目而来，结尾再次照应题目，首尾圆合，含蓄隽永，言有尽而意无穷。

（插图：汕头市东厦小学　周晓琳）

双线巧并行，情景相辉映

汕头市聿怀初级中学　林晓璇

七年级语文下册的《爸爸的花儿落了》是我们喜欢的一篇课文，文章用两条线索来构思：景线是写眼前，我参加毕业典礼；情线是忆往事，爸爸对我的爱。两线交相辉映，既推动了情节，又使"父爱"和"成长"的主题深入人心。这种"双线并行"的构思方法能使文章别开生面、情景相融、过渡巧妙、耐人寻味。

这一技法需要注意：情线一般是文章的主要情节，景线则围绕某一景物，呈现的方式可以多样，如事发场所、营造意境、情节推动、烘托人物、做象征物等。情线笔墨应多于景线，人物描写要饱满。景线往往为文章穿针引线，宜针脚细密、适当渲染，衔接上下文要巧妙自然。下面就以一篇考场作文为例来讲解这一技法。

特别的玉兰花香

汕头市聿怀初级中学　郑禧喆

那年，阳光正好，我们单纯得没有烦恼；那年，微风拂晓，带来那一阵阵沁人心脾的玉兰花香。（开头营造意境，情线"友谊"和景线"玉兰花"亮相，点题。）

亲爱的闺蜜，你还记得吗？实验课上的那次小灾难？（每个场景以相同的呼告重章迭唱，亲切真挚！）我操作着实验器材，却没有意识到危险所在。我看向窗外那棵玉兰树，绿意盎然间点缀着白色的玉兰花。（景线推动情节。）忽然，只听见"啪"的一声，你抱住我，往后拉去，我吓得闭住双眼。没有感受到想象中的疼痛，这时，我才缓缓睁开眼睛，你的那句"小心！"还回荡在耳边。映入眼帘的是你受伤的手，在你娇嫩的小臂上，一个透明的小水泡正立在上头，周围是烫伤的痕迹，浅红色的一圈，触目惊心。（抓住"动情

137

点"描摹，中心和人物个性才突出。）我的心里像是被什么压住似的，沉重极了，眼底也蒙上一层水雾。你轻轻地拍了拍我的手，笑了笑，对我说道："我没事，不用担心！"我也只好点点头，尝试用冷水给你的手臂消肿。微风经过回廊，卷起庭前的玉兰花瓣带到我们身旁，你拾起那一片洁白的玉兰花瓣，对我微微一笑。你就如这玉兰花一般，给了我一节难忘的实验课。（景线设计巧妙，如清新的蜡笔画，玉兰花的冰清玉洁象征好友善良的心。）

亲爱的闺蜜，你还记得吗？树下，石椅上，我们并肩而坐、笑谈古今的身影？阳光被玉兰树枝顽皮地拆开，化作一块块小拼图，细细碎碎地撒落在地上。（景线营造意境，文采匹配）。蝉声是夏天的歌唱，在那个盛夏里，在那条林荫小道上，我们随着蝉声歌唱，眺望着我们歌声随风飘去的远方。（小浪漫，很温馨。）玉兰树下，清甜的玉兰花香中，我们的友谊长存！（景线烘托友谊。）

亲爱的闺蜜，你还记得吗？绿色的球场，红色的塑胶跑道上，我们拼搏奋进的脚步？当那一声"预备"响起，我的脚软了软。当听到那声"跑！"我还是奋力向前奔去，只是在中途，明显感觉到力不从心，钉鞋紧紧地抓着脚下的塑胶跑道，而我脚上像注了铅一般，迈不开腿。玉兰树下，你正焦急地看着我。（景线地点。）我不禁加快了脚步，脑海中是实验课上你的帮助，玉兰树下我们的畅谈，体育课上你教我跑步技巧……

（剪辑不同时空的画面，排比细节，好友的体贴、两人的情谊已跃然纸上！）一向体育不好的我，竟也得了个不错的成绩。你向我跑来，满脸欣喜："这次你跑得很快哩！太好了！"玉兰清香蹿入鼻中，特别醉人。（景线衬情。）

你还记得那个藏满花瓣的香包吗？在我们分离之际，你送给我一个装满玉兰花瓣的香包，里面装着的，不仅是芬芳的花瓣，还有我们至深的友谊！（景线象征友谊。有始有终，深情更隽永！）

离别之际，让我们再一次去那条林荫小路上，看那纯洁无瑕的白，嗅那特别的花香，忆我们特别的友谊！（诗情画意的景线总结中心、巧妙点题。）

点评

小作者很好地用双线并行来构架文章。景线"玉兰花"的出现巧妙多样："玉兰树""玉兰花瓣""玉兰树枝""玉兰花香""玉兰树下""玉兰香包"，情景相映，令人赞叹。情线既写两人的深情厚谊，又能挖掘对方的真善美，材料的精挑细选使文章充满正能量。而语言的锤炼也使文章清新脱俗，耐人寻味。

（插图：汕头市东方小学　张丹桐）

（插图：曾广琪老师美术工作室）

着意添词汇，用心琢修辞

汕头市第六中学　胡丽珠

仅有钢筋水泥的房子住起来不舒服，只有结构框架的作文读起来不生动，房子需要装修，作文需要润色。如何让作文语言亮起来？着意添词汇，用心琢修辞！

首先，要积极分类整理积累各种动词、形容词、拟声词、叠词、成语等，认真学习比喻、拟人、夸张等各种修辞手法，做好知识储备；其次，在写作时，要有意识地在重要内容中精心选择并加入各种生动的词语，或者有意识地把贫乏单调的语句改成运用修辞手法的生动句子，力求使人过目不忘。再次，坚持日积月累长期操作，争取因炉火纯青而熟能生巧，变"有意识添加"为"信手拈来却妙笔生花"到文采飞扬这境界，你就可以感受到写作所带来的难以言表的惊喜啦。

下面是初一的小同学在上完"着意添词汇，用心琢修辞"作文专题后的习作。

记忆中的故乡

汕头市第六中学　杨洁

春季又至，身处烟雾蒙蒙的汕头，我常常有错觉，仿佛自己又置身于可爱的家乡。（虚实结合，表达思乡之情，自然引出下文。）

记忆中的故乡风景如画。天还没大亮，到处都是一片朦胧的景象。连绵起伏的山脉在浓雾中若隐若现，引人无限遐想。太阳露出大红脸时，耀眼炽热的光芒照射着山中的一切，雾里的山景闪耀着七色的光。浓雾渐渐散开来了，山的面纱越来越薄。一会儿，一切都变得清晰了。蓝天下，高耸的大树粗壮挺拔，树下的野花五颜六色；不远处，清澈的河水欢快歌唱，洗衣的人们谈笑风生。成群的小鸟儿在树梢上欢快地唱歌，个别小家伙或许唱歌还不够尽兴，它

们在树梢上飞舞起来，一会儿又调皮地飞到远处，在空中打个转儿，然后再轻轻地落在那绿油油的草地上。故乡的风景，朦胧美，清晰也美，"浓妆淡抹总相宜"。（"连绵起伏"写出山脉的"长"，"若隐若现"写出雾景的朦胧，"耀眼炽热"写出太阳的光与热，"粗壮挺拔"写出树的高大，"五颜六色"写出野花的品种多色彩艳，还有"清澈、成群、飞舞、绿油油"等词语都准确生动地写出了故乡山水的美，加上比喻和拟人手法的运用，使景物描写有较强的画面感，使人读起来如临其境、如见其形、如闻其声。）

　　记忆中的故乡火锅飘香。故乡的麻辣火锅全国闻名，麻辣鲜香，油而不腻，每次吃完后都大汗淋漓，酣畅之极。辣酱味碟配上麻辣火锅，那简直就是人间极品啊！当火锅端上桌时，会看到锅的表面漂浮着很多火红的辣椒和褐色的胡椒，汤是那种很艳的红色。火锅沸腾时，就有热气飘了上来，白白的，好像雾似的。凑近一闻，有辣椒的辣和花椒的麻，那香味总让我忍不住垂涎三尺。尤其是吃土豆时，会感到口腔里充满了麻辣和沁甜。在汕头吃火锅，怎么也吃不出家乡的味道。（"全国闻名""麻辣鲜香""油而不腻""大汗淋漓"生动准确地写出了故乡火锅的名声大、口味好、感觉爽的特点；"漂浮""飘"写出了热烟"轻盈"的特点；"凑近""忍不住垂涎三尺"具体地写出了"我"馋嘴的可爱形象。）

　　记忆中的故乡伙伴难忘。在故乡时，我和表姐、表妹经常一起打水仗——我和表姐"埋伏"在小溪边的草丛里，远远地看见表妹她们正往小溪走

来，我悄悄地对表姐说："等会儿我们趁其不备，打她们个措手不及！"表姐点了点头。趁着"敌方"装水时，我们突然袭击，向她们背后喷水，吓得她们哇哇大叫，急忙奋起反攻。激战时刻，水枪喷出来的水花像烟雾一样，在阳光下闪着绚丽的光芒。这时叫喊声，欢笑声传得老远，引得路过的人们也驻足观望，也许是被我们的欢乐感染了，他们也情不自禁地笑了。每次打开记忆的天窗，那一串串悦耳的笑声一直都在我耳边回荡！（"趁其不备""措手不及""突然袭击""奋起反攻"四个词生动地写出了打水战的过程，水花的绚丽和伙伴的笑声让童年的记忆如此美好，因而也就格外难忘。）

虽然离开故乡好多年了，但是记忆中故乡的山水，故乡的美食，故乡的亲朋，令我难忘！我的故乡——雾都重庆，您一直像个美丽的精灵，让我魂牵梦绕。（结尾呼应开头，总结全文，点明故乡是雾都重庆，再次表达一个远离家乡多年的孩子的热爱家乡、思念家乡之情。）

点评

这篇习作采用"总分总"结构，首尾呼应，结构严谨。中间用三个并列段，分别写了记忆中的故乡令"我"难忘的风景、美食和伙伴，思路清晰地反复表达爱乡、思乡之情。最难得的是，她能结合"作文语言"训练的重点，丰富文章的词汇，巧用各种修辞，使作文语言亮了起来，大大地增强了文章的可读性。

（插图：汕头市桂花小学　张秦）

互评炼词句，疑义相与析

汕头市第四中学　郑绮瑜

学生根据诗词的内在联系和自己的合理联想、想象对诗词进行改写，教师在示范点评之后，组织学生交流写作心得，合作互评，以分享感受，沟通见解，进而谋构思、辨手法、炼词句、解疑义。

当然，评改时要先指导学生注意以下几点：

1. 基本修改

错别字、病句修改，确保表达通畅。

2. 篇章构思、炼字达句

（1）是否抓住了诗词的主体艺术形象来构思。

（2）能否通过再生联想（即由一种东西通过中间环节想象出另一种东西）再造合情合境之意象，如《社戏》中"水乡月夜图"中由"松柏林"想到"赵庄"再想到"歌吹"，又由"火"想到了"光影"再想到了"戏台"，意象的再生既可丰富画面，也能借此蓄势抒怀。

（3）是否准确传达了诗人的情感。

（4）叙写、描摹时运用的手法恰当与否，对情感的预设能否起到推波助兴的效用。

（5）精推细敲哪些字词（关注动词、形容词）运用精妙；或有不妥之处，思考有没有更佳的替换。

3. 通篇综合点评

下面举学生对《峨眉山月歌》的改写和点评一例。

峨眉山月景

汕头市第四中学　葛霭纯

稀稀落落的星辰静静地与秋相伴而至。（开头点出了时间、季节，只是

"静静"与"相伴而至"不搭，可改为"寥落的星辰疏疏朗朗地挂在这秋夜的天际"。）月儿，像一个怕生的少女，在高耸的峨眉山后探出身子来，纯洁无瑕的月光直洒在江面上，在青衣江上蔓延开去，印白了江水，印清了山的倒影。（用比喻把月亮比作怕生的少女，形象地写出了半轮月的形态之美、月色的清朗；继而写月光洒在江面写出江水的平静、清澈，也渲染了环境的清幽。）冷清清的明月挂在夜空中，江面上弥散着一片轻烟似的薄雾，泛起一丝寒意，曳起了我刚刚还平静的内心。（"曳"字是"牵引"之意，初觉不妥，可仔细想想却又无字可代，倒也是妙的。）远望峨眉，在烟雾的氤氲间，徒留灰色的山腰。萧萧的晚风任意地拨弄着江沿的芦苇，发出一阵阵絮絮地声响，隐匿在芦苇丛里的江水也在喃喃低语。（视听结合，以动写静，运用拟人的修辞手法形象地表现出月夜江面的寂寥冷清，为后文的抒情蓄势。）

　　船头，我独自一人，身着青衫，在月光的照耀下我的身影被拉得很长，遥望着空中那半轮弦月，伫立了许久。（在月夜背景中推出人物主体，这里的"照耀"不如改为"轻抚"更有情有意。）望着远处正在嬉戏的水鸭，夜空中成群的云儿，我的内心突然泛起些许酸涩……（鸭可归棚，云能结群，而我呢？触景生情，反衬此时我的孤独忧伤。）今夜我只身单影离开清溪直奔三峡，寻游他乡，只有这半轮秋月送我？（用对白的形式，反诘的语气，"月"成了"故乡"的依托。）前路漫漫，来时何日可见？（反问句虽抒发作者内心复杂的情绪：难舍故乡，思念亲友，可谓语短情长。但是，诗最后一句的诗境

145

没完全表达出来，可在"前路"一句之前补上："我紧了紧衣衫，目送渐渐隐入山后的明月，潺潺地径向渝州进发。"这样，才能突出"思君不见"之意，而且借月所抒发的情感也更清晰。)

作者想法： 改写时，我抓住了峨眉山月这一诗歌的主要意象作为线索来扩写。先写景后叙事抒情，课内学习的很多课文都运用了这种写法，尤其对《春》《从百草园到三味书屋》等文章关于写景的内容、写法印象深刻，我通过联想、想象由"山"再造出了山间的烟雾，江边的芦苇、水鸭，天边的云等意象，从而借景抒情，表达诗人离乡途中对家乡和亲友留恋不舍之情。

学生点评

这篇改写借景抒情，能突出诗歌的艺术形象——山月来传情达意，其中形象运用视听结合、以动写静、对白与反问等手法来丰富文章表现力。不过，诗歌中有一条诗人行船的路线却没有清晰表现出来，那就是"峨眉山—平羌—清溪—渝州"，我们觉得改写此诗应采用双线并行：一条是物线——山月，另一条应是诗人行踪。这首诗就是用地点转换表现行船之快，如果能在"月随景移"中将两线并合，则更能贴近诗意。

（点评者：汕头四中学生郑秋雅、许艺婷）

（插图：汕头市长厦小学　纪润昕）

146

艺术添秀色，语言显光彩

汕头市聿怀初级中学 陈婕玲

在语文课文中，有一些艺术类的优秀作品，如《安塞腰鼓》《观舞记》等。这些作品巧妙运用各种语言技巧，使《安塞腰鼓》的阳刚之美和《观舞记》的阴柔之美，得以更好地体现。通过文字，能很好地向读者传达有声艺术、有形艺术的特点，给读者以美的收获以及心灵的震撼。

在日常写作中，同学们经常会把自己在业余所掌握的特长、爱好，如琴类、舞蹈、绘画等作为集中选择的材料，但经常缺乏适当的语言积累，缺乏组织语言的功力。那么，再娴熟的艺术技能，再精彩的艺术表演现场，都难以打动阅卷老师的心，更难以让读者身临其境。

因此，我们需要学会赏析艺术类课文范例的语言特色，并且在具体的写作实践中，能够运用恰当的语言技法为文章增色。这类作品的具体语言技法有，技法一：写出层次，写出变化（分时间或分角度）；技法二：抓住技艺特点，抓住人物精神品质，甚至文化内涵。技法三：使用文字润色添华彩。巧用句式：长短句，排比、对偶等。善用修饰：修饰语，比喻、通感等。

下面，让我们通过一篇八年级学生创作并修改的习作，来了解该如何"艺术添秀色，语言显光彩"。

游历于琴音流淌间

汕头市聿怀初级中学 梁鉎泓

"月出鸟栖息，寂然坐空林。是时心境闲，可以弹素琴。""琴瑟在御，莫不静好。""椅桐梓漆，爰伐琴瑟。"

数月前，我和妈妈同她的几个好友一起去上海游玩。市区一路堵车，喇叭声不断，人心躁动而烦闷。车至树林前，步行至树林深处，拜访一善演奏古琴的老人。这里远离了尘世的纷扰，溪水潺潺，行经溪边的人影浮动着，空气中弥漫着桂花香，深吸一口气，平息了聒噪的人心，缓慢了急促的步调。

老人年过古稀，隐居此处，但是每天来拜访她的学生和游人很多。那日，老人身着紫色提花丝缎上衣，银白色短发梳得整齐，身上没有任何装饰，清淡但又透露着上海女人优雅的气质。客厅中有两张琴，老人坐到自己的古琴前，开始抚琴。（分出层次，先写开场前，抚琴者的外貌、神态及周围的环境，以静衬后文的动，表现老者的气定神闲、优雅气质。）

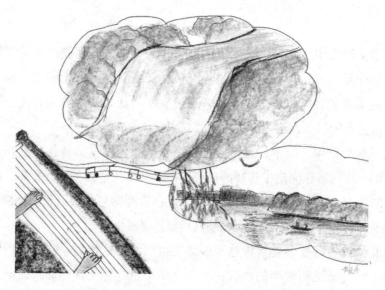

虽已年迈，但老人的手指仍旧在七根琴弦之间轻快地跳动，弹奏出一股如山泉般清婉而流畅的弦音，仿佛从耳边缓缓流入一幅画。低音时，如夜晚没有杂云相遮的月亮，清澈的潭中秋水在月光下闪着鱼鳞般的银光。重音时，如山间的瀑布飞漱冲荡，在夜晚的幽谷中间断地回响。（巧用比喻、通感，分出"低音""重音"变化，以长句句式，形象写出了琴声由缓至急的过程，展现抚琴者内心的平静、和谐。）那琴声，又缓缓慢下来，变得静雅、婉转。空气中夹着丝弦与手指尖的摩擦声，听者心里生出清凉，被安抚直至如同一批平滑的绸缎。（在议论中巧用通感，形象地写出了琴声由急至缓的过程给听者带来的内心感受。）老人悠闲地拨动琴弦，不用琴谱，她早已将这琴谱融于心间，脸上是满满的淡定与从容。《梅花三弄》《高山流水》《忆故人》……老人每奏新的一曲便说一遍曲名，这些流传至今的曲目，不同的人弹奏，感受大概会有所不同吧。（琴声的抑扬顿挫，急缓交替，其实老人为我们展现的不只是高超娴熟的琴技，更是早已琴人合一、大隐隐于市的境界。）

这样的城市里，这样的树林里，这样的琴声里，生活着这样一位古稀老太太，没有比这更自然和谐的事儿了吧？

"松风飕飕，贯清风于指下，此则境之深矣"，欣赏完老人的演奏，心有所想：抚琴一曲，是让演奏者内心与之应和，并非用音色和旋律取悦他人，更多是在于平息自己浮躁的心，与心灵对话。（最美的音乐，最高超的技巧只为表现人物而来，弹琴老人沉醉于音乐，忘身于音乐，远离喧嚣世俗的形象跃然纸上，巧妙点明主旨。）

点评

文章语言流畅，淋漓尽致地表现了老人演奏古琴的生动过程，巧妙调动各种感觉器官，运用了丰富的修辞手法。学生一定要切记语言为选材服务，选材为中心服务，生动形象的语言能让文章选材跳出思维惯性，不落俗套。

（插图：汕头市飞厦中学　黄悦冬）

仿课文句段，创习作新篇

汕头市聿怀初级中学　蔡尉洁

　　模仿是提高语言驾驭能力的一条道路。茅盾先生说过："第一步，模仿又是学习的最初形式。"高尔基也说过，对初学写作者来说，不在读书和模仿中写些什么，就很难有什么创造。可见仿写对于提高写作水平具有重要意义。

　　仿写可以从多角度入手，可以是整篇文章的全面仿写，即对范文的立意、情节、技巧和结构等方面进行全面模仿，也可以是对范文的局部仿写，即就文章的具体句段的某个方面进行模仿。学生在仿写过程中，要把好的词汇、语句和写作技巧充分"吸收"和"消化"，进而在"仿造"中求"创造"。

　　读鲁迅先生的《从百草园到三味书屋》，我们一定记得其中描绘百草园自由欢乐生活的经典段落。作者用"不必说……也不必说……单是……就……"这样一组词语，引出多姿多彩的春夏秋景物以及找蜈蚣、按斑蝥、拔何首乌根、摘覆盆子等趣事。两个"不必说"略写百草园概貌，"单是……就……"则比较详细地写了百草园一角"短短的泥墙根一带"。作者巧用句式安排顺序详略，多角度描写并融情于景。而"雪后捕鸟"则以"扫、露、支、撒、系、牵、看、拉、罩"等一系列动词，准确、生动、传神地刻画了捕鸟的整个过程。"扫、露、支、撒、系、牵、看、拉、罩"等动作描写，形象生动地写出了冬季捕鸟的过程，以儿童的眼光，表现孩童捕鸟时紧张、兴奋、惊喜的心理，突出百草园是我的"乐园"。这些经典段落集中体现了作者驾驭语言的功力，值得我们反复揣摩、品味和学习。

　　下面这篇习作，就是在揣摩、品味课文句段的基础上，结合小作者的生活体验创造出来的"新篇"。

剪一段快乐的时光

汕头市聿怀初级中学　郑科茗

在飞逝的时光中，我剪下了一段快乐的时光，细细封存，那是人生中不可多得的美好回忆。

8岁时的暑假，我回老家待了一段时间。老家有许多事情可做，不过我最常到大姨丈的橄榄厂玩。

橄榄厂是我的乐园。不必说扑鼻而来的橄榄香气，鲜甜可口的现摘水果；也不必说姨妈姨丈热情款待，表哥表姐陪我玩捉迷藏，还能体验一把晾晒橄榄的辛苦过程；单是厂子里那个不大不小的鱼池，就给了我无限的乐趣。（学用句式"不必说……也不必说……单是……"，罗列橄榄厂的生活乐趣，由面到点，先略后详。）

池水浅浅的，里头养着一条条肥肥胖胖的草鱼，这草鱼却是很灵活。开始我一个人抓，刚把手探进水里触着它，那鱼便溜走了。表哥表姐们见我制不住它，都来帮忙，先一步步把鱼逼到池角，再一起伸手把它抓住。嘿嘿，这鱼就跑不掉了。抓到鱼的表哥第一时间把鱼送到我手上。想让我体验一下收获的快乐。本以为鱼被抓后会是一副乖乖受擒的模样，没想到它反而更顽强，我稍一松懈，就让它挣脱了。几经周折，鱼肉还是吃到了，那鲜甜，那肥嫩，让我觉得那简直是神仙才能享受的美味。（捕鱼的过程一波三折，妙趣横生，突出表现"橄榄厂是我的乐园"。）

除了捉鱼，我也很喜欢放鞭炮。

在周末聚集一群刚结识的朋友，带上一把响炮、火箭炮，到橄榄厂角落的一块小沙地上。摸出一个响炮往地上摔，听着"啪"的一声觉得很刺激。火箭炮更好玩，谨慎地伸出一只脚，用火机把炮点燃，然后马上躲开，捂上耳朵，蹲得低低的，等着"嗖"的一声，就欢呼着跳起来。那时我们总是一玩就玩到深夜。（学习"雪地捕鸟"的片段描写，用一系列动词细化过程、呈现场景，充分表现了孩子们游戏的乐趣。）

快乐的时光总是在不知不觉中就溜走了。暑假后回到城市，尽管有家人的百般宠爱，有丰富的电视节目，有花样百出的各种食物，但已不再是在老家感受到的那种单纯的快乐。（明确对比点。）也许对于孩子而言，有伙伴，有游戏，徜徉于自由天地的时光，才是最难得的……（揭示主题，深化主旨。）

剪一段快乐的时光，珍藏于心灵深处。

（插图：汕头市东厦小学　黄祎洵）

课文个性解读

下篇

（插图：曾广琪老师美术工作室）

母性之光，烛照人生

——《回忆我的母亲》《我的母亲》比较研读

汕头市第四中学　郑绮瑜

　　部编教材2017年八年级上册第二单元的课文《回忆我的母亲》（朱德），与原人教版教材课文《我的母亲》（胡适）同为回忆母亲的传记散文，都着眼于生活琐事而精心选材、合理布局，鲜明体现出两位母亲身上具备的中华民族传统劳动妇女的宽厚仁慈与坚忍顽强的优秀品质。

　　作为人生的第一位老师，两位母亲都是身体力行、言传身教。两文作者回顾了自己所走过的道路，都把深情的目光投向母亲，用朴实的文字表达了对母亲深切的爱与怀念。两文中各有一处情感的集中表达：

　　得到母亲去世的消息，我很悲痛。我爱我母亲，特别是她勤劳一生，很多事情是值得我永远回忆的。

——选自《回忆我的母亲》首段

　　我在我母亲的教训之下度过了少年时代，受了她的极大极深的影响。我14岁（其实只有十二岁零两三个月）就离开了她。在这广漠的人海里独自混了二十多年，没有一个人管束过我。如果我学得了一丝一毫的好脾气，如果我学得了一点点待人接物的和气，如果我能宽恕人，体谅人，——我都得感谢我的慈母。

——选自《我的母亲》末段

　　上述所选段落，语言上均凸显了两文平实的文风，都来源于作者的真情实感。不过，细究起来，两位作者所表达的内容各有侧重：前者强调了对母亲勤劳一生的赞颂，后者着重谈母亲对儿子性格脾气养成的影响。只要抓住这两个关键段落，便可窥见两文基调的不同，又通读全文，在"随事现人"及"随事见情"的行文脉络中，必可见其纲举目张的"挈篇"之妙处。尤其体现在下述两个方面：

一、身份、活动天地不同

同处逊清末季，朱德家是佃农，胡适家是佃户主。无独有偶，两文都提及母亲天不亮就起床的情景，朱母是去种田、种菜、喂猪、养蚕、纺棉花或是挑水、挑粪，干的都是体力活，名副其实的"好劳动"。胡母则是喊醒儿子，催上早学，身为封建大家庭的主妇，她身为寡妇又兼后母，既当爹又当娘；对于非己所生的儿子、媳妇，都要"事事留心，事事格外容忍"，生活也属不易。

目睹母亲在广阔天地中的劳动形象，没有听到太多的言语教训，亲历劳作的体验便是最初的劳动实践课，所以朱德说"爱母亲"，下笔时，母亲那"勤劳一生"勾起了他对贤母的深情回忆。

而在没落书香门第之家长大的胡适，其母仁慈、忍辱负重的形象更多的是通过关起门来教育子女、家庭内部矛盾或人际交往间给予胡适深刻的印象。丧夫的冯顺娣活动天地相对较狭窄，她除了巴望亲生儿子"踏上"他"老子"的脚步外，还企盼什么呢？所以，文末胡适说"我在我母亲的教训之下度过了少年时代，受了她的极大极深的影响"，这里"极大极深"是修饰语的强调，不难看出母亲对胡适影响的广度与程度，也侧面体现出她的期望值，在胡母的世界里，儿子是她的今天，也是她的明天！

林熔帆
嵩镇学校

二、育儿、教子观念差异

总体来说，两位母亲教子有方，都有其可圈可点之处。不过，在"爱好劳动"与"为人教训"的主线之下，两位母亲的教子方式还是有很大差异的，这也造就了两位名人不同的传奇人生。

写作《回忆我的母亲》时，朱德身为八路军总司令，回忆母亲"同情贫苦的人，……还救济和照顾比自己更穷的亲戚""对于最悲惨的一次遭遇，母亲也没有灰心，她对穷苦农民的同情和对为富不仁者的反感却更强烈了"，受压迫受剥削的苦难遭遇只化作她"沉痛的三言两语的诉说"以及"我亲眼见到的许多不平事实"，都在幼年时期的朱德心中种下了反抗压迫、追求光明的种子，直到后来"科学民主"的思想长成参天大树，他参加了革命，母亲也给了朱德莫大的慰勉与支持，即使是儿子为了革命再没回过家一次。难能可贵的是，这位大字不识的劳动妇女具备了自觉的阶级认知和民族危机意识，为大爱舍小爱！后来在其追悼会上，中共中央党校的挽联——"唯有劳动人民的母性，能育劳动人民的领袖"可以说是对朱母钟太夫人身为母亲最贴切的评价。

胡适成年后给人谨肃而老成、理性而节制的印象，多少和童年时期母亲的教育有内在关系。童稚烂漫的儿时，母亲却有"不能跟着野蛮的孩子们一块儿玩""不准我乱跑乱跳"等等的行为限制，其压制了孩子童真活泼的天性，胡适自然也就"没有嬉戏的习惯与能力"，也断了发展兴趣爱好的可能。童少的胡适，顶多是随庶祖母去地里"监割"，一边沉浸在他所热爱的书里。这与朱德自小便在广阔的劳动天地中摸爬滚打的生活实践是不同的。当然，心无旁骛的与书相伴也让胡适日后成为著名学者、新文化运动的领袖有紧密联系，而且母亲待人接物的好脾性也温润浸染了胡适，这也是文末他"感激慈母"的原因。

可以说，两文同为怀念母亲的挚情之作，让我们在感动于人类最神圣的情感——母爱的永恒人性魅力之时，不禁想起林肯的一句名言——"我之所有，我之所能，都归功于我天使般的母亲。"母亲，身教也好、言训也罢，终究会在自己的个性、言行中濡染、塑造自己的儿女，只是"她们的心始终一样，都有一颗极为纯真的赤子之心"。所以纵使天地之大，可任朱德、胡适这样的"游子"去闯练，但心灵与命运之树却早已在幼时就植根于故乡那望穿秋水却又不求回报的牵挂中。

（插图：汕头市嘉顿学校　林榕欣）

推开温情的窗，品读家的情怀

——我读莫怀戚的《散步》

汕头市金园实验中学　何益秀

　　"家"是中国人的根。理想的"家"洋溢着温馨和睦的气氛，让人向往。因为它是我们疗伤的地方，是我们永恒的港湾。在那里我们只有暖暖的爱，没有条条框框的理；在那里我们只有相互包容、相亲相爱，没有你争我斗、你欺我诈。

　　一个理想的家就像一座象牙塔，神圣不容亵渎，洁净并给人精神的滋养。

　　社会在发展，家的文化也在不断丰盈与提升。莫怀戚的《散步》虽然写于20世纪80年代，素材是散步这种家庭琐事，内容看似肤浅，但仔细品味却能发现里边流淌着亲人间的温情，承托着一个中国人的精神家园。

　　据作家莫怀戚回忆，当时正是父亲去世后的几年，母亲的身体一日不如一日，对于生活兴致已是不大。根据文章，我们知道"我"的母亲好不容易熬过了一个冬天。"今年的春天来得太迟太迟了，有些老人挺不住，在清明将到的时候死去了。"老人最怕冬天，身体上的不适极容易让寒冷的天气夺去他们的生命。作为儿子，面对母亲的经历，感同身受，"熬"字更是流露出作者对母亲的疼惜。

　　天气很好，文中对于南方初春田野的描写，充满着勃勃生机，作为儿子的"我"对母亲说：正因为身体不好，才应该多出来走走。提议和老人出去散步，是对母亲的关怀备至。

　　"母亲信服地点点头，便去拿外套。她现在很听我的话，就像我小时候很听她的话一样。"信服，是对对方"相信顺从"。在散步之前，母子之间的相互爱惜之情便已经在细微之处流淌，为下文顺利解决散步中出现的"分歧"做足铺垫。

　　"前面也是妈妈和儿子，后面也是妈妈和儿子"，儿子的突然发现，给全家增添了欢乐。都说孩子是天生的"发明家"，也是世上最诚实的人。他们以独到的视觉发现生活中的美！两个"也是"，道出了家中关系的和谐，而对儿子的发现，我们一家的"笑"正是和谐之家温情绵绵的体现。

李怀初级中学
许舒
7.9

散步中的分歧，是母亲和儿子的分歧，也是两代人之间的分歧，"源"之有理，合乎常理。身体不适的母亲想走平顺的大路，而充满好奇之心的儿子却想走有意思的小路。怎么办呢？分开走，一家四口人分出两拨？这显然缺乏家的整体感。顺从母亲，理所当然吧！但如何说服年幼的儿子？答应儿子嘛，这与前文散步的初衷相悖。所有的难题这时都等着"我"来解决！

而母亲显然不想为难"我"，她"摸摸"孙儿的脑袋，顺从孙儿的想法，并提出适时让"我"背的建议，这样的建议让"我"心里有了宽慰。母亲这样的处理方式，毫无半点造作之意，让人对这"伟大的解决之道"拍手称快。母亲的举止虽小，却让我们读者读到了一个通情达理、疼爱晚辈更是体贴儿子的长者形象。这样一位富有智慧的老人，给和谐温暖的家增添了浓厚的色彩！

就这样，我和妻子"慢慢地，稳稳地，走得很仔细"地"背"着他们。如果说朱自清笔下父亲的背影让人潸然泪下，那么这一家的散步则传递着暖暖的温情，给人满满的感动和期待！

一个"熬"字、一份初衷、丝丝体贴、儿子的发现、"分歧"的处理，还有我们两对母子前行的背影……这些温情的细节仿佛一道道精美的刀工，雕刻出绝美的家庭之"窗"。

"散步"它就像打开的一扇窗，让我们于平凡处见真情，读了这一篇散

文就像读到了莫怀戚一家脉脉的温情，读到了我们每个人隐藏在心的"家"的情怀。这样的家是我们向往的家，是值得中国人骄傲的家！

温情的"细节"雕刻精美的窗，窗里是暖家。

（插图：汕头市聿怀初级中学　许婷）

孩子眼中的最美

——《美丽的颜色》个性解读

汕头市金园实验中学　何益秀

昏暗的黑夜，光束最美；纷扰的世界，自由的白鸽最美；疲惫的身心，家人温暖的怀抱最美；成长的孩子，恩爱奋进的父母是——他们眼中的最美！

初中语文八年级上册教材里，有一篇新加入的课文，是选自居里夫人的次女艾芙·居里所著的《居里夫人传》第二卷，题为《美丽的颜色》。该文章记录了居里夫妇身影的忙碌，探寻科学的艰辛以及作为科学家的坚守和乐观。

还有孩子眼里那暖暖的幸福：父母对事业的执着奋进和彼此间的相亲相爱。

在文章里，我们读到了居里夫妇的：

忙碌与艰辛

居里夫妇用四年时间提取镭的地方是一间小棚屋，棚顶是玻璃的，夏天热得像温室，冬天下雨时会滴漏，下霜时人会冻僵，炼制沥青铀矿时则无法排出有害气体。日日如此，艰辛无比。作为女子，居里夫人有时一整天都用差不多等同身高的铁条搅动沸腾的东西；穿着满是尘污和酸渍的旧工作服，头发凌乱；炼材料、搬容器、移溶液……忙碌与艰辛的工作，使其容颜的憔悴可想而知。

只是，给母亲作传的女儿只字不提，字里行间也没有流露出一丝抱怨和埋怨。

坚守和乐观

记得在居里夫人的《我的信念》里，她从工作环境、工作态度、工作理念三个方面来体现自己的信念。她提道："生活对于任何人都非易事，我们必须有坚韧不拔的精神。最要紧的，还是我们自己要有信心。"而事实也的确如此。

居里夫妇四年如一日在简陋的环境里默默探寻，忙碌与艰辛并没有被赋

予浓重的哀伤色彩，是缘于这对伟大夫妇的一份信念：对科学的坚守和对生活的乐观。正如经典电影《美女与野兽》里的台词所说："爱可以战胜一切"，对于科学炽热的爱，让他们在忙碌和艰辛中竟然能达到忘我的境界，留下的只有"英勇、美好和快乐"。居里夫妇对这批炼制的材料非常着迷，"他们之间的柔情和他们智力上的热情，把他们结合在一起"，过着"反自然"的神仙伴侣般的生活。

居里夫妇对于提炼镭的执着，更多的是化作行动。他们平日里极少说话，偶尔的闲谈也是有关他们的"镭"。例如："我真想知道'它'会是什么样子，它的相貌如何。比埃尔，在你的想象中，它是什么形状？""我希望它有很美丽的颜色。"这份平和而充满浓浓爱意的交流，让人不禁联想到四个字——"爱的结晶"。"镭"就像是他们的孩子，是他们对科学坚守的爱的结晶。

细想，给母亲作传的女儿，写此书的过程正是对父母信念的传承，也是对美好生活的阳光解读！

因爱缘起，眼中最美

《美丽的颜色》是作者以女儿的身份书写母亲居里夫人的一篇文章。在这篇文章里，我们读到了伟人居里夫人作为普通人的一面，内容真实而亲切。

文中写到，"镭"终于被成功提炼出来，"玛丽身体前倾，热切地望着，她此时的姿势，就像是一小时前在她睡着了的孩子床头看着孩子一样"。这是一种美丽的姿态，闪烁着母性的光辉。

"她的伴侣用手轻轻地抚摸她的头发"，这是一道美丽的风景，因为真爱无敌。

在此文中作者并没有着意渲染这份甜蜜，但是她却在不经意间传递着那份暖暖的温情。"比埃尔和玛丽……平静地闲谈一会儿……说的话由极高深地到极幼稚的""玛丽像期盼别人已经答应给的玩具的小孩一样""这个物理学家和颜悦色地回答"。居里夫妇的相亲相爱，不是在于甜言蜜语，而是见于细微处的相互体贴和依恋。他们是一对伟大的科学家夫妇，所

镭

束林初级中学
严之良
8 5

以他们说话"极高深"，但是他们也是万千普通夫妇中的一对，"极幼稚"的话让我们感受到他们生活的真实和有趣，读后充满着亲切感。毫无疑问，这样恩爱而奋进的父母，在孩子眼里最美！

工作的忙碌与艰辛，完全被对事业的坚守和乐观淡化，这份信念是父母传递给孩子的宝贵财富；而夫妻间对彼此的支持和信任，体贴和依恋，更是赋予孩子安全感、信任心以及爱和被爱的能力。所以作者笔下的"那天他们工作得很辛苦……他们挽臂步行……他们走进他们的领域，走进他们的梦境"，无不在书写着自己眼中的最美！这正吻合包丰源《孩子的问题都是父母的问题》里提道："人生命的走向和性格，往往是受家庭和父母的思想、言行、态度、情绪的影响，并且影响着孩子日后的健康、事业、婚姻和人际关系。"

"镭"发出的光彩，是居里夫妇追寻的美丽颜色；居里夫妇对科学的坚守和奉献是我们世人眼里的美丽颜色；而居里夫妇对事业的执着以及彼此间有着一致信仰的爱，则是作者（居里夫人的孩子）眼中的最美颜色，也是这个伟大家庭教育的丰盈底色！

（插图：汕头市聿怀初级中学　严之艮）

陪伴是最好的爱

——读季羡林《我的童年》（节选）

汕尾市陆河县河城中学　彭云芝

对于一个孩子的成长，陪伴也许就是最好的爱。然而，在现实生活中，由于种种原因，有许许多多的孩子，在他们的成长过程中，父母是不在身边的，从而为他们的成长阶段留下了终生的遗憾。

《我的童年》中作者季羡林回忆他"灰黄"的童年生活，以及离开母亲时的痛苦。"一个六七岁的孩子离开母亲，他心里会是什么滋味。非有亲身经历者，实难体会。尽管此时不但能吃上白面馒头，而且还能吃上肉，但是我宁愿再啃红高粱饼子就苦咸菜。这种愿望当然只是一个幻想。"对于一个曾经把半个白面馒头看作"龙肝凤髓"的穷孩子来说，能吃上白面馒头甚至是肉，绝对是极大的享受，但"我"反而愿意过穷苦的生活。因为高粱饼子、苦咸菜是与自己的家、自己的母亲联系在一起的。和母亲在一起，远比吃的享受更重要，口腹之欲的满足，并不能抵消远离母亲的痛苦。"世界上无论什么名誉，什么地位，什么幸福，什么尊荣，都比不上待在母亲身边，即使她一个字也不识，即使整天吃'红的'（红高粱饼子，又苦又涩，难以下咽）"（《赋得永久的悔》）。

父辈们想培养一个男孩来光大门楣的做法，无可厚非，但对于六岁的孩子却是无法理解的，"可是离开母亲的痛苦我却是理解的又深又透的"（《一条老狗》）。离开母亲到济南的叔父家上学，13年间，季羡林只回过三次家，不是探病，就是奔丧。此后，在母亲的有生之年，母子俩再未见面。对季羡林来说，这是永远无法挽回的"永久的悔"，而且这种"悔"，随着年龄的增长，愈发痛彻心扉。对于他的母亲来说，这何尝不是"永久的悔"，"早知道送出去回不来，我无论如何也不会放他走的"（《赋得永久的悔》）。

季羡林以自己高度的责任和克制得以健康成长，然而"没有红，没有绿"的童年，终是遗憾。"直到耄耋之年，我仍然频频梦到面目不清的母亲，总是老泪纵横，哭着醒来"（《寸草心》），每每谈到母亲就会泪流满面。

如果可以，多陪孩子看看书，说说话，玩玩游戏，哪怕是只看看动画片。我们能陪在孩子身边的时间毕竟有限，只有尽全力陪伴和爱，才能避免未来的遗憾。

陪伴是父母给子女最好的爱，让孩子在父母的关爱中快乐成长，也是父母的责任。

（插图：汕尾市陆河县河城中学　彭云芝）

"梦"的守护者

——浅析贾平凹《一棵小桃树》中奶奶的形象

汕头市嘉顿学校　蔡树升

新部编语文教材七年级下册第五单元选入了当代作家贾平凹先生早期的散文作品《一棵小桃树》。贾平凹先生通过描述一棵小桃树曲折而艰难的生长过程，赞颂其与命运顽强抗争的精神，借小桃树来抒写自己当时渴望通过不懈的奋斗来改变不公平的命运，追寻自己的幸福，实现自己人生理想的情志。

《一棵小桃树》这篇散文，笔者一读再读，甚是感动，但最让笔者读后念念难忘的不是小桃树的倔强与顽强，不是作者借小桃树抒写的情志与理想，而是贾平凹先生以一种儿童的视角，抒写了他对奶奶的一种温馨、感伤而深沉的情感，展现了奶奶朴素慈蔼、感人至深的长辈形象。

一、在这篇文章中，奶奶首先是作者孩童时期"幸福梦"的给予者

奶奶从集市上回来，带给了我们一人一个桃子，她说："都吃下去吧，这是'仙桃'；含着桃核做一个梦，谁梦见桃花开了，就会幸福一生呢。"这是一位长辈给予孙辈们生活追求的一个美好方向，是孩子们对幸福生活追求意识觉醒的一个源头。所以"我们都认真起来，全含了桃核爬上床去"。作者做不成甜甜的梦，又不甘心不做，于是将桃核埋在了土里，想让它在院子的角落里蓄着自己的"幸福梦"。奶奶的话语成为作者对"幸福梦"等待、期望与追寻的开始，而她自己也在不知不觉中成了作者孩童时期"幸福梦"的给予者。

二、奶奶是作者孩童时期"幸福梦"的导引者

贾平凹出生在偏僻落后的山村，自小身体孱弱，不足以承担繁重的体力劳动，因此常常遭受同龄人的轻视，这与小桃树刚长出时一样。"瘦瘦的，黄黄的，似乎一碰，便立即会断了去。大家都笑话它，奶奶也说：'这种桃树

儿是没出息的，多好的种子，长出来，却都是野的，结些毛果子，须得嫁接才成。'"奶奶凭借自己的生活经验对刚长成的小桃树说出了自己的想法，好的种子只能长出些毛果子，这是奶奶的一份可惜，但是奶奶同时也指引了方法——嫁接，这是奶奶对"我"的"幸福梦"做出的指引，同时奶奶的话还激起了"我"执着地要小桃树开花结果的欲望，让"我"更坚定自己的"幸福梦"，也暗含了贾平凹从小就有要走出山村的这一梦想，奶奶在其中起到了一定的导引作用。

三、奶奶是作者"幸福梦"的守护者

文中这样写道"弟弟说：'那桃树被猪拱折过一次，要不早就开花了。'他们曾嫌它长得不是地方，又不好看，想砍掉它，奶奶却不同意，常常护着给它浇水。"奶奶不同意砍掉小桃树，更是"常常""护着"给小桃树浇水，其实奶奶守护着的不单只是一棵小桃树，更是在守护着已经跟小桃树无法分割开来的"我"，守护着"我"曾经执着地要实现的"幸福梦"。这是一位年迈的老人，在偏远的山村里思念那个身漂异乡，为自己的梦想打

拼的孙子时，所能为孙儿做的就是尽自己的力量去守护孙儿最初的"幸福梦"啊！当作者思及此处，情难自抑地书写到"看着桃树，想起没能再见一面的奶奶，我深深懊丧对不起我的奶奶，对不起我的小桃树了"。

所以，作者在瞥见小桃树的花瓣儿在春雨的洗礼下，却片片付给了风、雨时，在自己历经磨难后对奶奶那份平常却深沉的爱的领悟与感恩后，情到深处，真情流露，所有复杂的情感都在那一刻化作了内心对自己"幸福梦"的守护者——奶奶，不尽地呼喊！

在贾平凹先生的散文作品里，奶奶是经常出现的一个重要人物，从《丑石》到《月迹》，再到《一颗小桃树》，贾平凹都写到了奶奶这一人物，奶奶用她的慈祥温柔与善良睿智，指引着孩子们走向美好未来。她是贾平凹生命历程中的启蒙人物，是贾平凹"幸福梦"的守护者，更是读懂贾平凹散文作品中的一个不可忽略的切入口。

（插图：汕头市嘉顿学校　林榕欣）

苦难中的温情

——解读《我的第一本书》

汕头市岐山中学　吴锡钦

　　牛汉的《我的第一本书》这篇文章，是二十世纪三四十年代中国历史的缩影，也是中国人民苦难生活的见证。书中苦难的生活让人心酸，但里面弥漫着的情，却让人倍感幸福。

　　先让我们走进诗人当年的课堂中去。你看，一间教室装着四个年级的学生，一个年级只有三四个人，课桌上摆着半本残旧的课本；而课本由于使用率过高变成了一团纸。一个什么本事也没有的老师，用沙哑的声音，拖着长腔，朗诵着毫无美感的文字："狗，大狗，小狗，大狗跳，小狗也跳，大狗叫，小狗也叫。"

　　再看看孩子的家庭。一句"书和红薯在我们村里都是稀奇东西。"写尽了苦寒年代中的艰难生活。乔元贞当教师的父亲两三年才回家一次，脸又黑又瘦，脊背弓得像个"驼背狮子"。如此含辛茹苦的父亲竟不能给孩子买一本书，使孩子在最需要学习的时候不得不辍学回家。诗人的家会好一点吗？当"我"拿来半本残旧的课本时，父亲"愣了半天，翻来覆去地看"，并"愁苦地望着我。"此时的父亲居然没有愤怒，有的只是为苦难的生活而愁苦，或者还有对孩子的关心不够而自责。

　　教室、学生、老师、家庭，一切都深深地打印上那个时代的贫穷、落后和苦难的标签。但是，他们在精神上也是最富有的一群人。

父亲很爱"我"。当得知"我"考了第二名时，父亲非常高兴，又是抚摸，又是夸奖，可当从祖母口中知道第二名其实也是倒数第二名时，父亲"板起了面孔"，要查"我"的功课。当"我"将那半本"凄惨的课本"拿给了父亲，"父亲愣了半天，翻来覆去地看"，细心的父亲并没有立刻责罚"我"，而是耐心地问明原委。当得知真相后，善良的父亲表示理解孩子间友情的珍贵，他"深深地叹着气"，叹气之后便修补成两本书。文章对父亲着墨不多，但父亲的温和、善良、理解、尊重孩子的形象跃然纸上，字里行间流露出浓浓的父子情。生活虽然贫穷，却拥有这样一位父亲，谁能说诗人不是贫穷的富有者，苦难的幸福人？

孩子们是热爱读书的。"我早已把书从头到尾背熟了""元贞把半本书交给我时，哭着说：'我妈不让我上学了。'"多么热爱学习的孩子呀！有着对知识的向往，有着美好理想的孩子，又怎么会不幸福呢？

"他们家买不起书，教师规定，每人要有一本，而且得摆在课桌上，我只好把书用刀裁成两半，他一半我一半。"在朋友有难时，他没有丝毫犹豫，没有太多理由，就把自己唯一的一本书，割一半给朋友。这一定是世上最纯洁、最朴素、最伟大、最永恒的友情。这是人生最宝贵的财富之一，拥有这份财富的人，肯定是幸福的。

当我和我的"大狗、小狗"合演的"双簧戏"引得教室里哄堂大笑，没法上课时，"弄不成"也只是把我狠狠训斥一顿之后说："看在你那知书识礼的父亲的面子上，我今天不打你手板了。"这句话看似有失教师身份，却透露出村邻之间友好淳厚的情意。其实，文章中的人物，我与乔元贞之间、父亲与乔元贞父亲乔海和之间、父亲和乔元贞之间，何尝不也是一种淳厚的乡亲情呢？

在这些温暖情感包围下的孩子，本质上是快乐的。"课本上的第一个字就是'狗'，我有意把狗带上。两条狗像小学生一般规规矩矩地在教室的窗户外面等我。我早已把狗调教好了，我说'大狗叫'，大狗就汪汪叫几声，我说'小狗叫'，小狗也立即叫几声。"当我们读到此处，便忍俊不禁，深深被儿童时代那一份童趣所感动。

想想如今，孩子们的家庭环境、学习环境越来越好，可是书中那种对读书的热爱、读书时的快乐，似乎越来越少了。希望现在的孩子，珍惜难得的学

习机会，珍惜身边的真情，读出快乐，读出成绩。

　　一本教科书是平凡的，不平凡的是与教科书联系在一起的人生。在这篇文章里，这本《国语》课本只是文章的线索，真正能打动读者的是蕴含在文章中的情！

（插图：汕头市珠厦学校　周毅）

地道的家乡情味　温暖的人性光辉

——谈谈《春酒》的三美

汕头市潮南区峡山南里棉岭学校　吴彦卓

春酒，顾名思义就是春天喝的酒。琦君的《春酒》一文是对儿时家乡充满温情的回忆与怀念。文章讲述了家乡春节喝春酒的习俗，通过细腻传神的刻画，带我们走进了旧时浙江温州一带农村和美、温馨的生活画卷，表现出作者对童年、对母亲、对家乡浓浓的感情。在这篇文章里我们读出了那久违了的风俗之美，乡情之美，人性之美。

在山明水秀的温州，旧时过年都要虔诚地迎神拜佛，祭天地、祖先，有着诸多禁忌，还要喝分岁酒。在农村正月里乡亲之间互相"起会"，要置办"会酒"，这些生活情景深深地烙印在作者的脑海里，是作者儿时最美好的回忆。

新年时，在经受住迎神拜佛的拘束后，孩子们终于迎来了可以尽享美食的时刻。特别是过了元宵，家家户户轮流地邀喝春酒时，孩子们更是欢欣雀跃，大饱口福了。于是我们看到了村民们兴高采烈，畅怀大饮，以至家家扶得醉人归的欢欣愉悦的节日景象。

至于喝会酒，就是小琦君家一个特别的节目了。在旧时农村农民的主要收入就是田地里的稻谷产出卖掉后的所得。平日里，一旦遇到较大的开销时，村民要凑十二个人来起会筹钱，到了正月就要喝会酒表示酬谢。这种"乡田同耕、出入相友、守望相助、疾病相扶持"的人与人之间的关系，就都蕴含在这一杯又一杯的春酒里。这一杯又一杯的春酒中荡漾的，就是那最真挚、最深厚的乡情之美。

琦君说："我渐渐懂得为什么母亲终年一袭蓝布罩袍，在我眼中依旧是仪态万方。"母亲这朴素，不加装饰，宽大的外袍下，笼罩着怎样的人性光辉呢？

　　轮到我家邀喝春酒时，母亲便开出来冬至那天就泡好的"补气、健脾、明目"的八宝酒，请大家品尝。而喝会酒时，母亲也总是很乐意把花厅给大家请客，自己却不上桌，然后捧一瓶她自己泡的八宝酒给大家助兴。大家喝了甜美的八宝酒，都称赞母亲时，滴酒不沾唇的母亲则高兴得两颊红红，跟喝过酒似的。这是多么勤劳、热情、朴实的母亲啊！

　　我们还看到了："不仅是酒，母亲终年勤勤快快的，做这做那，做出新鲜别致的东西，总是分给别人吃，自己却很少吃。"聪明能干、爱人克己的母亲；"人家问她每种材料要放多少，她总是笑眯眯地说：'大约摸差不多就是了，我也没有一定分量的。'但她还是一样一样仔细地告诉别人。可见她做什么事，都有个尺度在心中的。她常常说：'鞋差分、衣差寸，分分寸寸要留神。'"随和亲切、严谨细致的母亲……

　　琦君说："在我的记忆里，母亲像一片蓝天，没有云彩，没有星星，也没有月亮。"作家白先勇曾说："琦君塑造成的母亲意象是一位旧社会相当典型的贤妻良母。"中国传统女性的一切美德，淳朴、善良、宽厚与勤劳，都随着这"春酒"流淌进了我们每个读者的心里。

　　于是我们也懂得了琦君母亲身上的内在美和她自己的一种追求，这种追求就是"赐比受更有福呢"。我们更懂得了琦君女士热情歌颂母亲，其实就是在热情歌颂那向真、向善、向美的伟大人性！

　　　　　　　　　　　　　　（插图：汕头市聿怀初级中学　严之良）

大夜弥天，璧月澄照

——在萧红的《回忆鲁迅先生》中邂逅许广平

汕头市金禧中学天竺校区　黄澄纯

读萧红的《回忆鲁迅先生》，我被你深深吸引了——透过萧红的眼，我见你满脸笑靥，或雨中送客，或包饺聊天，或到邮局寄信……你忙碌的身影，一如璧月，只为守护那弥天大夜。

爱你，因你的易于亲近。

你和萧红边包饺子边聊天：怎样离开家的，怎样到天津读书的，在女师大读书时怎样做了家庭教师……你娓娓道来，如话家常，"等把饺子包完了看看那数目并不多"，这才知道谈话谈得太多，误了工作。其乐也融融！萧红每夜饭后必到大陆新村，刮风的天，下雨的天，几乎没有间断的时候。换了别的家庭主妇，大概是难免觉得厌烦的。而你却始终亲切地接待，热情地招呼，客人逗留至深夜，你还在挽留："反正已十二点，电车也没有，那么再坐一会。"若非你的易于亲近，那追寻进步的青年如何敢隔三岔五地登门拜访，宾至如归，把鲁迅先生家当成避风的港湾？

爱你，因你的勤俭持家。

课文里写到，"许先生上街回来把买来的东西一打开随手就把包东西的牛皮纸折起来，随手把小细绳圈了一个圈。若小细绳上有一个疙瘩，也要随手把它解开的。准备着随时用随时方便"。三个"随手"，你的勤俭、聪明、能干就已跃然纸上。这让我想起，你为了不浪费鲁迅先生的有限收入，精打细算，自己做棉鞋、打毛衣、缝衣服，连鲁迅先生的换洗衣服也不请保姆，一概由自己负责。家中有你，还有什么需要担心呢？

爱你，因你对丈夫的崇拜与包容。

文中写到，"鲁迅先生包一个纸包也要包得整整齐齐，他常常把要寄出的书，从许先生手里拿过来自己包。许先生本来包得多么好，而鲁迅先生还

要亲自动手"。"鲁迅先生把书包好了，用细绳捆上，那包方方正正的，连一个角也不准歪一点或扁一点，而后拿着剪刀，把捆书的那绳头都剪得整整齐齐。"试想谁的丈夫把自己做得好好的事给推翻了而不发火的？而你却跟萧红说："周先生的为人，真是我们学不了的，哪怕一点点小事。"也许是因为爱里有崇拜的因素，所以这份爱才能涤荡生活的琐碎，变成一种包容。

爱你，因你的为大他而舍小我。

你持家有方，差点叫人忘记你曾经在刊上发表过《惊魂甫定的心》等文章，就当时的政治问题，你表示出坚定的立场。血气方刚、勇猛顽强的你也曾迫切希望谋得社会工作，但考虑到做鲁迅先生的助手也就是对社会的贡献，于是你决然选择了留在家里，默默地帮助他。课文中，萧红对你的叙述中重复出现的一个字便是"忙"，"许先生从早晨忙到晚上，在楼下陪客人，一边还手里打着毛线。不然就

是一边谈着话，一边站起来用手摘掉花盆里花上已干枯的叶子。许先生每送一个客人，都要送到楼下的门口，替客人把门开开，客人走出去后轻轻地关了门再上楼来。来了客人还要到街上去买鱼或鸡，买回来还要到厨房里去工作。鲁迅先生临时要寄一封信，就得许先生换起皮鞋子来到邮局或者大陆新村旁边的信筒那里去。落着雨的天，许先生就打起伞来。"如此忙碌，你累不累啊？我知道，你累也快乐着，不然，萧红怎么会说，"许先生说鸡鸣的时候，鲁迅先生还是坐着，街上的汽车嘟嘟地叫起来了，鲁迅先生还是坐着。有时许先生醒了，看着玻璃窗白萨萨的了，灯光也不显得怎样亮了，鲁迅先生的背影不像夜里那样黑大。"可见，鲁迅在夜里写文章，你也是睡得不安稳的，你的一颗心永远系在他身上。你们的爱情，是由共同的理想升华而成，你们的结合是建立在深深的爱和同志情谊之上的。

鲁迅先生说："我是夜，则当然要有月亮。""我就爱你一个人。""我要好好地为国做点事，才对得起你。"鲁迅爱得深沉，许广平爱得细腻，他们的灵魂似乎穿过千年才觅得对方的寓所，爱融入彼此的血液，叫对方时时惦记。

（插图：汕头市聿怀初级中学　陆筱欣）

174

弹筝奋逸响——生活感悟篇

（插图：曾广琪老师美术工作室）

175

不忘初心，方得始终

——《爸爸的花儿落了》深层解读

汕头市聿怀初级中学　陈婕玲

有人说，怀旧是老了的讯息。说起童年的回忆，很多人会滔滔不绝——家乡那条清澈的小溪，爷爷单车架上的小铁铃，外婆床头的小竹扇……童年天真烂漫，没有私心与杂念，没有牵挂与欲望。这应当是人一生中最美好的时光。

谁都知道童年的逝去是成长的代价，谁都想把童年藏进回忆的宝囊。《城南旧事》正如同一份珍贵的宝囊，用文字为缅怀童年的读者缓缓编织了一个彩色的梦，伴随作者回忆的源泉，它为我们呈现的已不再是一般意义上的家园亲情和故乡情怀，而是为我们敞开了一个纯洁、亮丽却又不复存在的心灵伊甸园。

如在《爸爸的花儿落了》中，作者林海音以童年的视角力图将纯真的快乐保留下来，但通读小说后我们不难发现，苦难和悲伤仍是作品无法回避的主题，这也是主人公小英子无法理解更难以承受的苦难和悲伤。

文中英子多次为我们暗示了成长的矛盾——盼长与恨长，小孩子对成长的想象是喜忧参半的："我们是多么喜欢长高了变成大人！我们又是多么怕呢。""当我们回到小学来的时候！无论长得多么高！多么大！""老师，你们要永远拿我当个孩子呀！"通过陈家伯伯与爸爸的对话，我们知道了12岁的小英子，竟然是四个妹妹和两个弟弟的长姐，这本该是最需要人呵护、最让人疼爱的年纪，她却要承受着不一般的责任，那是无声的抗议——"做大人，常常有人要我做大人。""英子，你大了，可不能跟弟弟再吵嘴！他还小。""英子，你大了，可不能招你妈妈生气了！"小英子小小的心灵长出很多被迫施肥助长的小种子——她怎么也想不通，凭什么长大需要付出那么多代价。

童年的回忆里，似乎只有爸爸能读懂英子——"英子，去把这些钱寄给日本读书的陈叔叔。""不要怕，英子，你要学做许多事，将来好帮着你妈妈。"文中的爸爸用最有利的强心剂为英子的成长提供了养分——"无论什么困难的事，只要硬着头皮去做，就闯过去了。"读到文末我们才知道，这是多么痛彻肺腑的领悟，小英子的成长，小英子的早熟，小英子的懂事，那都是爸爸的花落了，爸爸的病危、濒死的伏笔，那是家庭责任的催熟剂。花易逝，人难守，我们宁可永远长不大。

东厦小学
黄可伊
496

　　长大，意味着你再也不能以孩子的眼光单纯地感知和描述周围的世界，这是一种权利的丧失和被剥夺，在经过忧伤的思考后，小英子终于完成了自己的蜕变！她深深地意识到，家里除了爸爸妈妈之外就数我大了，我是小小的大人！"老高，我知道是什么事了，我就去医院。"她以超乎大家想象的镇定和安静面对父亲病危的消息，从此以后，小英子要面对的是丧偶的母亲，年幼的众多弟妹，还有远离故土在北京构建起来的全新家园。这是成长的代价，也是成长的收获吧。

　　爸爸的花儿落了，英子的童年也结束了，韶华易逝，童年不觅。在《爸爸的花儿落了》中，一个懵懂孩童眼中成人世界的悲欢离合，所有的情感都在字里行间化作穿越时空的平静和安详，带给我们无尽的酸楚，实则哀而不伤。短暂的是童年，短暂的是岁月，短暂的是人与人的相遇，唯有亲情永恒，大爱不尽，唯有不忘初心，方得始终。

（插图：汕头市东厦小学　黄可伊）

从《故乡》看成长的痛

汕头市聿怀初级中学　林晓璇

　　刚大学毕业的一个学生，和我聊起，说和几个要好的小学同学渐行渐远，原因是几次相聚下来，觉得彼此之间价值观差异太大，对方原本明媚了自己童年时光的所有天真淳朴、善良真诚，却慢慢被客套虚假、自私市侩取代了。说起这些，学生紧蹙眉头、不时抿嘴和叹气，这种怅然若失，竟和多年前自己也曾这样心里一角被撕空的感觉如此相似。

　　这大概是每个人都要经历的成长的痛吧，这让我想起了鲁迅先生的《故乡》来。二十余年后再次回到故乡，世事变迁，故人似是而非，"我"记忆中的家园变得陌生，甚至冰冷，养育自己的沃土变味了，这何尝不是一种成长的疼痛。开篇，当远归故里的游子眼见脑海中魂牵梦萦的一切竟变成"萧索的荒村"时，"我所记得的故乡全不如此。我的故乡好得多了。"内心的悲凉可想而知。记忆中端庄文静的杨二嫂和热情有趣的闰土，都变得完全陌生了，一个说话尖刻浮夸："阿呀呀，你放

了道台了，还说不阔？你现在有三房姨太太；出门便是八抬的大轿，还说不阔？"甚至为了占小便宜不惜信口雌黄捏造事实，冤枉闰土，以便"拿了那狗气杀，飞也似的跑了，亏伊装着这么高底的小脚，竟跑得这样快。"活脱脱一个跳梁小丑，损人利己的市侩气惹人厌恶。另一个的变化则让人辛酸悲叹，"虽然我一见便知道是闰土，但又不是我这记忆中的闰土了。"除了外貌看出的辛劳、贫苦外，更让"我"悲凉的是"他的态度终于恭敬起来了，分明地叫道：'老爷！'。"童年那种平等无隙的关系已荡然无存。事实上，"多子，

饥荒，苛税，兵，匪，官，绅，都苦得他像一个木偶人了。"生活的重压早已让他变得客套、潦倒、麻木，记忆深处那个金黄月光里机灵刺猹、天真无忧的"乡间小百科"早已泛黄成了纪念。

眼见这种种客观的变化，催人成长。当然，文章写于辛亥革命后混乱的军阀官僚统治时期，故土满目疮痍，民不聊生。但在今天，闰土和杨二嫂式的成长依然可见，只不过不那么鲜明罢了。在我看来，题目"故乡"既是实际的故土，也是指自己的精神家园。成长的疼痛还在于这些变化带给你的隔阂感。"现在我的母亲提起了他（闰土），我这儿时的记忆，忽而全都闪电似的苏醒过来，似乎看到了我美丽的故乡了。"想到两颗挨得很近的心，便是"美丽的故乡"，可惜如今"隔了一层可悲的厚障壁"。当"我"眼见闰土的变化，"我接着便有许多话，想要连珠一般涌出：角鸡，跳鱼儿，贝壳，猹，……但又总觉得被什么挡着似的，单在脑海里面回旋，吐不出口外去。"那些鲜活的场景终究敌不过心里的高墙。闰土见了"我"也一样，"他站住了，脸上现出欢喜和凄凉的神情；动着嘴唇，却没有作声。他的态度终于恭敬起来了。"可见他也在熟悉的记忆中挣扎了一下，"终于"还是矫正成他此刻该有的态度。情感的桥梁断了，精神家园便冰冷了，乃至离开故乡时，"故乡的山水也都渐渐远离了我，但我却并不感到怎样的留恋。"这种隔阂仿佛是成长的代价。

今天高速发展的中国，当代人在工作压力、社会竞争、家庭负担之下，既不成为杨二嫂，也不成为成年闰土，谈何容易？否则，前段时间火遍网络的辩论节目《奇葩说》，也不会把"人最终成为自己不喜欢的人到底好不好"作为一个辩题展开激烈交锋娱乐大众了。所以，长大后的我们常常还会像"我"一样在社会上找不到自己精神的家园，无处安放自己漂泊的心。

那次过后，学生问我，她这样看人是不是自己太清高了。我笑言，是你长大了，而且"万里归来，仍是少年"，多好啊！

鲁迅先生也在文末寄托了对所有人成长的期待——"我不愿意他们都如我的辛苦辗转而生活，也不愿意他们都如闰土的辛苦麻木而生活，更不愿意都如别人的辛苦恣睢而生活。他们应该有新的生活，为我们所未经生活过的。"但愿，在未来，在每一代人的不懈奋斗中，我们的精神家园常常别来无恙。正如周杰伦的《稻香》对故土的描绘般让人心动："微微笑，小时候的梦我知道。不要哭，让萤火虫带着你逃跑，乡间的歌谣，永远的依靠。回家吧，回到最初的美好。"

（插图：汕头市聿怀初级中学　张秦）

最是书香能致远

——读林海音的《窃读记》

汕头市世贸实验中学　刘少美

　　说起爱读书的事例，我随口就可以列举，如古人孙康的映雪读书、匡衡的凿壁偷光、苏秦的囊萤照读等等，他们都是在艰难的环境下，创设一切可以让自己顺利读书的条件。当然，值得今人点赞的也有一个，她就是台湾作家林海音，她所写的《窃读记》就记录了她童年因贫困买不起书而只能去书店偷偷读书的事。

　　为何书有这样的魔力？因为读书，对于一个人的精神涵养有着极其重要的价值和意义。莎士比亚说过："生活里没有书籍，就好像没有阳光。智慧里没有书籍，就好像鸟儿没有翅膀。"林海音一生创作了多篇长篇小说和短篇小说集，产量十分可观。她之所以取得这么大的成就，与她儿时好读书是密不可分的。儿时家庭经济贫困，无法满足她那颗渴望读书的心，因而有"窃读"这一行径发生。说到"窃读"，我们就会不由自主地想起鲁迅笔下孔乙己那"窃书不算偷"的话来。孔乙己"窃"的是书，而林海音"窃"的是读，在情趣上大相径庭，影响也是天壤之别。

　　"所有那些有教养、好求知、品行端正、值得信赖的年轻人，他们大多出自对书籍有着热忱的爱心的家庭。"这是大师苏霍姆林斯基说过的一句话。林海音出生在一个知识分子家庭，受诗书的熏陶，自幼非常喜欢看书。"每次从书店出来，我都像是喝醉了酒似的，脑子被书中的人物所扰，踉踉跄跄，走路失去控制的能力。""被快乐激动得忘形之躯，便险些撞到树干上去。"林海音被书中的世界所吸引着、痴迷着、陶醉着，人置身书境中，被书所左右，失去控制。作者通过写读书的感受来体现读书给人的充实感，这是精神上的愉悦。"我合上最后一页——咽了一口唾沫，好像所有的智慧都被我吞食下去了。"读书犹如一次精神盛宴，收获了知识和智慧，作者通过"咽""吞"动

词来写出读书的满足感。正因为在窃读中，作者感受到了书籍所带来的知识与快乐，才能忍受书外的世界所带来的难堪。"窃读"的滋味是快乐的又是惧怕的。

之所以惧怕，也因为受书香门第的影响，她懂得了礼义廉耻，知道做事行要端、站得正，对于只读不买的窃读行为内心也深觉愧疚，才会紧张、害怕被发现，觉得受到书店老板的训斥和驱赶是理所当然的。常人都知道看书是需要清静环境的，但是作者却说"像往日那样挤满了顾客，我就可以安心"，之所以安心，是因为作者害怕自己偷偷看书但不购买，若被书店的老板看见她只读不买，就会厉声训斥她，让她难堪。而现在书店里挤满了顾客，有其他人可以掩护她，书店老板的注意力不会集中在她身上，能让她静静地在那里长时间看书，不会被驱赶。为了看书，林海音着实动了一番心思，不仅要时时注意"隐藏"自己，有时还要贴在一个大人身边，假装是人家的小妹妹或是小女儿。这些都可以看出她窃读时的提心吊胆与小心翼翼。"我跨进店门，暗喜没人注意。我踮起脚，使矮小的身体蹭过别的顾客和书柜的夹缝，从大人的腋下钻过去"这一句，"跨"写出步伐的大，看书的迫不及待，"踮"写出小心翼翼，轻手轻脚，这与"窃"很相似，"钻"写出用力挤的样子。这些动词都可以看出窃读的心虚，道义在她心中作祟。看书的不容易，更能衬托书籍的魅力所在。人多挤挤就可以解决，可作者还担心，担心喜欢的书被人买走了，总是希望遇到雨天，可以借天气因素而名正言顺地停留在书店。看书之喜好可见一斑。"我的脚真酸哪，不得不交替着用一条腿支撑着，有时忘形地撅着屁股依靠在书柜旁，以求暂时的休息。"能留下安心看书，还要忍受长时间的站所带来的脚酸腿麻，一个"撅"字，非常形象地写出作者脚虽酸还要坚持的窘态。即使受礼教、爱形象也顾不了那么多。最难受的是被老板发现在窃读，遭受斥责也不敢大声反驳，就像被当场抓住的小偷一般难堪，"在众目睽睽之下，我几乎是狼狈地跨出了店门，脚跟后面紧跟着的是

老板的冷笑"。世事炎凉，在窃读中洞悉。

　　但是，即使作者遭遇如此难堪，也没有怨天尤人，她对世人、对人生的态度仍是积极的，最后一句"记住，你是吃饭长大，读书长大，也是在爱里长大的"也印证了书籍哺育的是灵魂这句话。因为书籍的滋养与润泽，作者对人生与世界有了更通透的认识和理解，我们从她身上，能够感受到一种经过书香浸润过的智慧与从容，这种豁达的心胸，是读书的力量。最是书香能致远。

（插图：汕头市东方小学　陈翀）

"刻板效应"害死猫

——读郑振铎的《猫》

汕头市聿怀初级中学 余立棣

刻板效应，又称"刻板印象"。"刻板印象"是心理学名词，主要是指人们对某一类人或事物产生的比较固定、概括而笼统的看法，并将这种看法推而广之，认为该事物或整体都具有该特征，从而忽视了个体差异。从这个角度来读郑振铎先生的经典作品《猫》，我们便会有新的发现。

郑振铎的《猫》主要写了"我"家三次养猫的经历。

第一只猫是从隔壁要来的，活泼可爱，讨人喜欢，"花白的毛，很活泼，如同带着泥土的白雪球似的，常在廊前太阳光里滚来滚去。三妹常常取了一条红带，或一根绳子，在它面前来回地拖摇着，它便扑过来抢，又扑过去抢。"看着它，"我"的"心上感着生命的新鲜与快乐"。如果恰巧这段时间"我"家也养了小黄鸟，我和家人会无故怀疑这"相伴的小侣"对小黄鸟心怀不轨吗？

华南理工大学广州学院 彭灵灵

　　"我"家养的第二只浑身黄色的小猫，是从舅舅家要来的。"这只小猫较第一只更有趣、更活泼。它在园中乱跑，又会爬树，有时蝴蝶安详地飞过时，它也会扑过去捉。它似乎太活泼了，一点也不怕生人，有时由树上跃到墙上，又跑到街上，在那里晒太阳。"它和家人，尤其是"我"，特别亲热。"饭后的娱乐，是看它在爬树。"不仅如此，它还会捉老鼠，很得整家人的欢心。如果恰巧这段时间"我"家也丢了小黄鸟，我们一家人会不假思索就断定"亲爱的同伴"干了坏事吗？

　　第三只猫是出于同情心而收留的一只流浪猫，"毛色是花白，但并不好看，又很瘦。""但大家都不大喜欢它，它不活泼，也不像别的小猫之喜欢顽游，好像是具着天生的忧郁性似的，连三妹那样爱猫的，对于它也不加注意。"从一开始一家人对它的印象都不好，它的存在也只是"若有若无"，对它的刻板印象初步形成。再加上"毛被烧脱好几块，更觉得难看了"，外表就更不讨喜了，家人讨厌它，刻板印象得到进一步强化。

　　后来第三只猫变壮了，"却仍不改它的忧郁性，也不去捉鼠，终日懒惰的伏着，吃得胖胖的。"它"胖胖"的外表，因"懒惰"更惹人厌恶，刻板印象再度强化。本来"我家好久不养猫"，出于让它不被"冬寒与饥饿所杀"的心理而收留它，好生养它，这就使我一家人在道德上居于优势地位。而它在我家照料下变壮了却"终日懒惰的伏着"，"不改它的忧郁性"——作为宠物不讨主人欢心，这是罪过一；捉鼠——这几乎是它能回报我家养育之恩的唯一方式，它也不去做，不懂得回报，更惹人厌，这是罪过二。再加上"那只花白猫对于这一对黄鸟，似乎也特别注意，常常跳在桌上，对鸟笼凝望着"，并且，抓开又跳回去凝望，更容易让人对它产生怀疑和防范心理。

　　所以，当主人喜爱的一只黄色芙蓉鸟被咬死，看到鸟儿"羽毛松散着，好像它曾与它的敌人挣扎了许久"，"我很愤怒，叫道：'一定是猫，一定是猫！'"其实当时的"我"对第三只猫本来就有很深的成见，即便没有这件事情促发，从心里"我"早就想要找个机会教训教训它了。刻板印象让"我"第一时间就认定凶手是它。妻子的"不是这猫咬死的还有谁？"的判断同样出于刻板印象，在这时更让"我"确信自己的断语。一时找不到它，我们便一致判定它是"畏罪潜逃"。好不容易找到它，却看到"它躺在露台板上晒太阳，态度很安详，嘴里好像还在吃着什么。"旧恨加上新仇，我"一时怒气冲天"，出奇的愤怒冲昏了"我"的头脑，顺手操起木棍就追打，它悲楚地逃跑，"我心里还愤愤地，以为惩戒得还没有快意"。

　　其实真相是：鸟儿是被黑猫咬死的。最终，第三只猫还是忽然死了。虽说不是我直接打死的，但它的死跟我有莫大的关系，是我和家人的刻板印象害死了它。

　　难道外表不讨喜甚至让人心生厌烦就是应该被打的理由？难道性情忧郁不捉老鼠的懒猫就该死？难道它经常凝望可爱的芙蓉鸟这一点也是重大罪过？都不是，是因为它给"我"印象不好，不讨家人喜欢，甚至讨人厌而对它形成了刻板印象。这种刻板印象经步步强化，最终导致了第三只猫的死亡。

　　生活中，我们有太多类似的"刻板印象"了，被害死的仅仅是猫吗？

　　　　　　　　　　　　　　（插图：华南理工大学广州学院　彭足灵）

小人物的大愿力

——看《台阶》中"父亲"的闪光点

汕头市聿怀初级中学　李丹霞

"道力之限，要靠愿力突破。"李嘉诚先生在汕头大学2017届毕业典礼上赠予学生的金玉良言，让我想起语文教材中一个鲜活的形象——李森祥的《台阶》中的父亲，一个再平凡不过的农民。

"我们家的台阶低！"这句话父亲常挂在嘴边，屋前的低台阶是父亲的心病。在乡里人的眼中，一家人台阶的高低意味着这家人的地位尊卑、身份高低。"父亲坐在绿荫里，能看见别人家高高的台阶，那里栽着几棵柳树，柳树枝老是摇来摇去，却摇不散父亲那专注的目光。"读到此处，父亲那羡慕而又坚定的目光似乎总能穿过那柳树枝、透过那纸张浮现在读者的眼前。于是，父亲"日夜盼着，准备着要造一栋有高台阶的新屋。"这新屋不单是为了有片瓦遮头，不只是为了儿孙有房娶妻、满足延绵血脉的需求，更是为了获得乡人的尊重和肯定。新屋那"九级台阶"便成为父亲这个普通得有些渺小的小人物的毕生愿望，成为他人生的最高追求。

可是要实现这个精神追求，父亲的"道力"是极其有限的。"我"家原来仅有的三级台阶，是父亲为了省钱，依靠一身蛮力和石匠打赌"赢"回来的；父亲那双脚，整年在地里劳作，一年洗一次，泥沙都已经嵌入皮肉之中；即便是生活中的唯一"消遣"——磨刀，父亲每次也不敢多耽搁，总"匆忙地下田去"。这些细节都让我们明白这位父亲要实现理想的"道力"是极其有限的，按照如今时髦的说法，父亲已经输在了起跑线上。这样一个平凡的小人物怎样依靠愿力去突破限制、成就梦想呢？

是踏实！看到儿子在三级台阶上跨级跳，父亲拍拍他后脑勺说："这样是会吃苦头的！"正是脚踏实地的人生哲学，让父亲没有在窘迫的条件面前顾影自怜、怨天尤人，而是不怕疲惫、不怕痛苦，一点一滴地积累："今天从地里捡回一块砖，明天可能又捡来一片瓦，再就是往一个黑瓦罐里塞角票"。事实上，这种踏实的品质也是我们这个时代的人最缺失的品质之一。

是坚毅！"一年之中，他七个月种田，四个月去山里砍柴，半个月在大溪滩上捡屋基卵石，剩下半个月用来过年、编草鞋。"日复一日，年复一年，父亲坚持了多少年呢？文中说"父亲就是这样准备了大半辈子"。"大半辈子"这寥寥几字，蕴含了父亲多少的血汗。穿破一双自编的草鞋得走过多少山路，攒下一张五毛的角票得砍下多少树枝，堆积一堆卵石得踏遍多少河滩，背回一块青石板得淌下多少汗水……这种坚持的

毅力，不正诠释了父亲这个小人物的大愿力？正如作者所说的，父亲"最为可贵的本事就是能默默地积蓄一辈子的力量来做成一两件事"。

是执着！是什么让父亲连扛三块350斤重的青石板回来？是什么让父亲在"造屋的那些日子"白天夜晚连轴转，一天只睡"三四个钟头"，脸上却"总是挂着笑容"？是什么让日渐年迈的父亲即使闪了腰，用一只手按着腰也坚持要亲自去抬青石板、亲自去砌新台阶？是父亲对高台阶的执着！是父亲渴望得到乡人尊重的执着！"他想聚沙可以成塔，凭自己一身力气，干他十年二十年，总有一天可以造成新屋。"浇筑起新房的高台阶，是父亲要挺直脊梁骨、获得尊重的执着信念！文章结尾，呆坐在台阶上的父亲说，"这人怎么了？"怎么了呢，父亲老了。父亲的衰老不是台阶建成的那天骤然而至的，这么辛劳的父亲早就老了，为何而今才察觉？我想，是这股执着的信念，它是父亲的精神支柱，是父亲为了理想的实现而忙碌得忘却岁月流逝、年岁渐老。

文末，身体已衰老的父亲在实现了理想后，人生又失去了方向，使结尾有种化不开的淡淡愁绪。但这仍然不能抹杀这位平凡父亲的伟大之处——用愿力突破了道力之限，攫取了人生的那轮明月。李森祥曾说过，回忆起父亲时，"会为他不经意间散发出的点点滴滴的人性光彩而感动"。这种人性的光彩便是父亲的愿力，他用这种愿力来突破他的道力之限，去满足他的精神追求。这种人性的光彩熠熠生辉，让这个人物鲜活、动人！

（插图：汕头市聿怀初级中学　许秋妍）

伟大中之尤其伟大者

——三读《白杨礼赞》

汕头市聿怀初级中学 朱小敏

　　初读《白杨礼赞》是在初中的时候，老师在讲台上讲，我在座位上老老实实地记，不外乎托物言志的手法、由表及里的顺序等等。那时感觉《白杨礼赞》完全没有散文的唯美情调，它是激情外露的。

　　再读这篇文章，是在大学实习期，给学生讲的课文就是《白杨礼赞》。那时，已读过《风景谈》《大地山河》这些茅盾先生的散文作品，了解他身为革命文学家的生平后，深深体会到他对那片黄土地深藏在心里的向往与热恋。"黄与绿主宰着，无边无垠，坦荡如砥。"那份坦荡，更是内心的坦荡，是短短五个月的延安生活让茅盾心生坦荡，那片黄土高原上的所见所感对茅盾的人生历程、文学创作产生了重要的转折作用。1941年，抗日相持阶段，茅盾肩负革命使命，从延安回到重庆，以笔为"投枪匕首"继续战斗。黄土地上朴实无华的风景更衬托出生活在这里的白杨树的勃勃生机，茅盾就是一棵战斗在陪都重庆的白杨树。

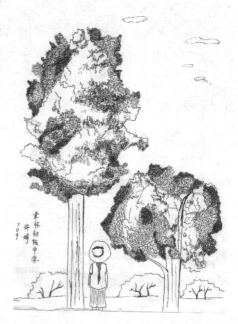

　　后来到西北旅游，第一眼见到白杨树，我也是惊叫了一声，白杨树终于从书本走到现实。白杨树确实绝不旁逸斜出，也确实参天耸立，仰望苍穹下的树翳，半空中枝丫相交，连接成荫。片片叶子正面是绿色，背面长着白色绒毛，在西北强烈的阳光下，风一吹，漫天的银光闪烁，恰似蓝天下见到的繁星点点，虽无婀娜之姿，却显绰约之态。但凡我辈写景写物，不外乎状其貌，画其形，抒我情，叹我生。我想茅盾的《白杨礼赞》怎舍得不提这奇丽之景？

2017年，部编教材中又重新出现了这篇课文。如果说刚上讲台的我对文章的理解是粗糙而浮于字面的，讲解无非是照本宣科，那么在教坛上经历了二十六年的人生洗礼，见证了中国社会急剧变化的我，在三读《白杨礼赞》之际，不禁探求茅盾所赞美的人类的精神，以及他对社会的观照。郁达夫对茅盾的评价："行文每不忘社会。他的观察周到，分析清楚，是现代散文中最有实用的一种写法……"这评价绝非溢美之词。文中三个独立成段的句子使情感阶梯式递进，读来尤其激情澎湃。"白杨树实在是不平凡的，我赞美白杨树！""那就是白杨树，西北极普通的一种树，然而实在是不平凡的一种树！""这就是白杨树，西北极普通的一种树，然而绝不是平凡的树。"由生长的"普通"到精神的"不平凡"，由远指的"那"到近指的"这"，白杨树似乎从外在的物走进我们的心灵，幻化成精神的脊梁，那也是茅盾在延安看到的民族解放的前途与希望，在那片黄土地上深受的精神鼓舞。在写这篇文章时，茅盾先生按照我党的安排，准备离开重庆前往香港；在等待的十天内，白杨树的精神，"用血写出新中国历史的那种精神和意志"从他的心里流向笔尖，茅盾就是守卫国土的哨兵中的一员。如今想来，茅盾记住的不是白杨树奇丽绰约的形，而是它坚强不屈，质朴、坚强、力求上进的神。"自然是伟大的，人类是伟大的，然而充满了崇高精神的人类的活动，乃是伟大中之尤其伟大者！"《风景谈》里的这一句不正是对这种"神"的高度概括吗？这样的赞歌使这篇散文有了一种独特的粗犷豪放之感。

假如说散文是一曲江南小调，悠扬婉转，那《白杨礼赞》就是西北黄土地上的一首放歌，昂扬奔放。

（插图：汕头市聿怀初级中学 许婷）

读写探道

留住理想，永葆激情

——读《带上她的眼睛》

汕头市第六中学　林奕嘉

　　近年来的科幻小说，已不单单充当着"普及科学知识"的工具，而是在科学的基础上，关注到了人文性，在叙事之中渗透了浓郁的人文关怀意识，作品在展现科学教育价值的同时，也促使读者对人与人、人与自然、人与宇宙等关系进行思考。

　　七年级下册课文《带上她的眼睛》（刘慈欣），讲述的是"我"受命带上了一副传感眼镜——相当于用一位女宇航员的"眼睛"去四处游玩。这位宇航员因事故被困在地心深处而无法返回地面，只能借助于"我"带着她的"眼睛"完成她的最后一次地面探索。在任务结束的同时，女宇航员——"小姑娘"也永远留在了地底下……

　　文章中的"我"和"小姑娘"都是宇航员。"小姑娘"到地心去工作，结果因为意外被围困在了地心，永远被封闭在那里；"我"在太空工作，可以相对"自由"地回到地球家园，"自由"地享受度假。从这点来看，"我"是自由的、幸福的，而"小姑娘"是丧失自由的、不幸的。但实际上，从精神层面上看，"小姑娘"才是自由、幸福的。虽然"小姑娘"的肉体被围困了，但她的心灵却是充满了诗意，对身边哪怕是一朵花、一株草的美，都视若珍宝，她的精神是自由的；而"我"虽然肉体看

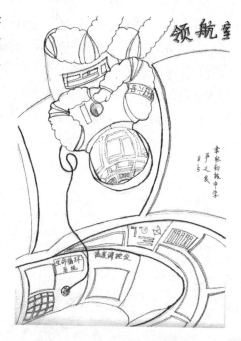

似是自由的，但是内心却是封闭的：我对自己生活中的美好视而不见，能感觉到的只有时代的浮躁——"这是一个闪电变幻疯狂追逐的时代，像这样的见花落泪的林妹妹真是太少了"，"在这个时代，得到太容易了，所以人们不再珍视什么了"。在"我"的眼中，航天中心的生活是"毫无诗意"的，"我"还有其他的大部分人都已不再"珍视这些平凡的东西"。

"小姑娘"在花一样的美好年华里，遭遇到了被永远封闭在地心的不幸，那是一个活动范围不到10立方米的闷热的控制舱啊！但"小姑娘"毫无怨言，照样向往着外面美好的世界，喜爱着每一朵花，每一株草……不但如此，"小姑娘"还决心要在地心继续着自己力所能及的工作，继续为理想而奋斗——"今后，我会按照研究计划努力工作的。将来，也许会有地心飞船找到'落日六号'并同它对接，但愿那时我留下的资料会有用。请你们放心，我现在已适应了这里，不再觉得狭窄和封闭了……"这是"小姑娘"同地面最后通话的录音。

读到这里，我们的内心是震惊的：是什么力量能让一个身陷绝境的"小姑娘"以惊人的毅力继续生活、奋斗下去？是内心对生活的热爱，对事业不懈的追求，对理想的不放弃！相反，生活在地球上，能自由地呼吸着一切新鲜空气的"我"，却因为早已遗失了自己的理想，对生活、对生命产生了一种倦怠。那是一种对自己人生、对自己人生价值的怀疑，因而也就对周围的一切美好事物熟视无睹，工作、人生，都觉得索然无味。所幸在接触了"小姑娘"之后，"我"开始重新审视自己，审视这个世界，审视自己的人生。"我"开始发现这个世界是色彩斑斓的。"我"重新回到忙碌的工作中，虽然这段经历很快被淡忘了，然而，"我的意识深处，有一颗小小的种子留了下来，在我孤独寂寞的精神沙漠中，那颗种子已经长出令人难以察觉的绿芽。""虽然无意识地，当一天的劳累结束之后，我已能感觉到晚风吹到脸上时那淡淡的诗意，鸟儿的鸣叫已能引起我的注意，我甚至黄昏时站在天桥上，看着夜幕降临城市……"可以说，是"小姑娘"对生活的热爱，对理想的执着追求打动了"我"，才使"我"有了一系列的变化，才有了文章结尾处，当"我躺在大地上"时，能坦然地"感受到从几千公里深的地球中心传出的她的心跳"，甚至觉得"不管走到天涯海角，我离她都不会再远了。"那是因为"我"已经找到了生活的真谛——永远不遗失那份理想。

在我们的身边，总会看到一些人活得神采飞扬，散发着魅力的光彩——

不管他是年轻人，还是老年人。这是为什么呢？因为这些人，他们正奔驰在为理想而奋斗的道路上！他们在享受实现理想的过程中，也看到了自己理想中期望成为的样子。这样的他们，除了家庭，除了柴米油盐之外，他们还有热爱的事业，激情四射的生活，光芒万丈的自己！这才是属于自己的谁也拿不走的财富！而这一切，都源于他们对理想的不放弃……

留住那份理想，并不懈地追求它吧！只有这样，我们才有可能在这个浮躁喧嚣的尘世中，不迷失，不颓废，像"小姑娘"——女宇航员那样，满怀对生命的热爱，追求心灵深处真正的乐园！

（插图：汕头市聿怀初级中学　严之艮）

灵魂总要在高处

——重读《天上的街市》

汕头市聿怀初级中学　郭嘉

相较于郭沫若最广为人知的作品《女神》，入选人教版初中语文教材的《天上的街市》明显呈现出不同的风格，或者说其诗风有些迥异于郭沫若大部分的作品。读过话剧《屈原》的人都能从剧中诗化的语言里感受到作家澎湃的热情，特别是屈原那段电闪雷鸣似的激昂独白，那种蕴藏在戏剧表演中狂飙突进式的蓬勃情感似乎才是郭沫若的特性，但这些在《天上的街市》中都归于短小的诗行，诗中以清新的笔触，呈现出一种简练洁净、天然去雕饰的质感。

这首诗歌可分为四个诗节，每节四句，节奏明朗，从现代汉语拼音的角度看，诗中的偶句最后一字在韵母上或相近或相同，因而音韵更显和谐，诵之朗朗上口，极具音乐美。

"远远的街灯明了，好像闪着无数的明星。"平淡的起笔，貌不惊人。《红楼梦》第五十回"芦雪庵争联即景诗"中，凤姐起头的一句"一夜北风紧"，看似不过一句粗语，但众人听了却相视笑评"这话虽粗，不见底下的，这正是会作诗的起法，不但好，而且留了多地步与后人。"这段话用来品评《天上的街市》的起笔也可算恰当，因为，我们很快就会发现远远亮起的街灯不过是个引子。"天上的明星现了，好像点着无数的街灯。"诗人借街灯与明星的共同之处，自然引发联想，焦点从现世不着痕迹地转移到了天上，地上的街灯与天上的明星对接，地上的街市便引出了天上的街市，诗歌所歌咏表现的主体部分也由此拉开帷幕。其间联想自然，转换巧妙，诗人手法圆融，构思精巧，一笔呵成。

"我想那缥缈的空中，定然有美丽的街市。街市上陈列的一些物品，定然是世上没有的珍奇。你看，那浅浅的天河，定然是不甚宽广。那隔河的牛郎织女，定能够骑着牛儿来往。"第二、三诗节顺理成章由实入虚，展开想象，

由天上的美丽街市，到街市上的珍奇物品，再到隔着浅浅天河来往的牛郎织女，诗人用凝练简洁的笔墨，勾画想象中的画面轮廓，渲染优美神幻的环境氛围，是为了给读者描摹天上一派繁荣、富足、热闹而自由的街景。这种天上的生活充满了人间的烟火气，它既没有苏轼笔下不胜寒冷的琼楼玉宇，也没有李白所说的"天上白玉京，十二楼五城"的巍峨磅礴，它是平实的生活，俚俗的风景，世情的风貌，还带着点老百姓们千百年来淳朴的美好愿望——那神话里被西王母划下银河分隔两岸的牛郎和织女也能生活在一起。虽是想象的图景，但诗人用"定然""定能够"等词语加强了肯定语气，意在明确地表达"我相信一定是这样的""我相信想象中的一切终能成为现实"。与其说诗章中那么美好的生活图景来自诗人浪漫的想象，不如说，在写作这首诗歌的时候，诗人是怀抱着一种坚定信念的，他深信天上美好的生活定然能够实现。

诗人在最后的诗节还刻意改动了神话中牛郎织女的故事结局。"我想他们此刻，定然在天街闲游。不信，请看那朵流星，那怕是他们提着灯笼在走。"从银河浅浅可渡，到以一颗流星为灯，想象牛郎织女骑牛提灯漫游街市，天上的有情人终成眷属，生活美满幸福，令人向往。

梦想之所以存在，往往是因为现实里有不尽人意的地方，在这一点上，郭沫若的《天上的街市》和陶渊明的《桃花源记》颇有异曲同工之妙。《天上的街市》写于1921年，正是新文化运动的浪潮逐渐消退，中国社会的革命形势尚未明朗的黎明前的黑
暗时期，个人在时代车轮之前仿似螳臂当车，一碾即碎，然而总有那么一些人在风雨如磐的暗夜里仍仰望星光，苦候希望。王尔德说："我们都身在泥淖，但仍有人仰望星空。"现实固然可憎，然而灵魂总要在高处，信念若不灭，希望就永在。"诗缘情""诗言志"，诗歌的创作是为了表达思想感情，诗人忧愤于心，身在异国，心系故土，虽有对军阀统治旧时代的强烈不满，但仍心怀美好梦想，渴望并坚信人间幸福和平的生活最终会到来，因此才会在诗中用笃定的语气去虚构一个令人向往的美好缥缈的天上街市。

（插图：汕头市金园实验中学　颜璐）

活在天地间，做个从容客

——读冰心的《谈生命》

揭阳市产业园区才林中学　刘秀萍

深秋夜雨，终是有些薄凉，泡一杯茶，看那片片茶叶在水中浮沉、舒展，心也就开始温暖起来。随手翻开桌上的书，一行文字入眼来："在快乐中我们要感谢生命，在痛苦中我们也要感谢生命。"在吟诵的瞬间，人变得恬淡了。此话出自冰心的《谈生命》，此文是九年级语文的篇目，它是冰心中年时期的一篇作品，在慢读细品中，我感悟颇深。

"生命是一江春水，从高处发源，终结于大海。"以江水作喻，诠释了生命就是一个过程，从胚胎的孕育到生命的降生，从咿呀学语到步入学堂，从莽撞少年到成熟中年，从耄耋老年直到逝去，这个过程，是酸？是甜？是苦？是辣？抑或五味杂陈？你我皆了然于心。

生命是一个过程，生活则是一种态度，生活态度决定着生命质量。芸芸众生万千姿态，最好的生活态度莫过于平和从容。或许人生终无法做到纤尘不染，但心可以因从容而变得纯粹，因为纯粹，便可轻触到生命之途的那份温暖；因为纯粹，便可嗅闻到生命之花的那份清芳。

"不是每一道江流都能入海，不流动的便成了死湖；不是每一粒种子都能成树，不生长的便成了空壳。"冰心以"流"与"不流""长"与"不长"阐明了生命过程中的姿态，并告诉我们：生命的内涵在于不断地成长。吃饭长高是成长，读书明理是成长，修行悟道也是成长。成长因人因时而不同，因此，生命也呈现出万千姿态：平凡的，美丽的，顽强的，卑微的，悲苦的……但无论生命以哪一种姿态呈现，若有一颗从容心，则可遇见日出日落之美；若有一颗从容心，则可读出春花秋月之韵。心若从容，凡事皆美。以一颗从容之心去享受阳光雨露、去阅读一本好书、去完成繁杂事务，你会觉得生命竟是如此美好。生命就像一粒种子，存在于天地之间，既需要阳光、水分、养分，更

需要一颗从容之心去努力奋进与不断完善。

"宇宙是一个大生命，我们是宇宙大气中之一息"。在大千世界中，人类乃其沧海一粟。活在天地间，需要一颗平常心，平静对待生命中的花开花落，平和对待生命中的人来人往，平淡对待生命中的一得一失。人生山一程水一程，从鲜衣怒马到华发暮年，看过风景无数，烟柳画桥，风帘翠幕，景致再美，会心的也只是刹那，繁华万千，终不胜内心的轻松与安然。活在天地间，静心修身即是圆满。大地予生命以处所，岁月予生命以长度，从容予生命以宽度。从容等待，可见花开；从容做事，可见圆满；从容为人，可见品性。在从容中，体会生活的味道；在从容中，笑看尘世的浮沉；在从容中，修得一颗不变的初心。学会与光阴打坐，将风起云涌，当作春水潺潺，不惊不扰，心自相安。

活在天地间，尽管有些事做着做着就倦了，有些路走着走着就累了，有些人陪着陪着就散了，但我们依然相信生命的美好，相信繁华过后，必有林荫供我养心；相信淫雨过后，必有安暖供我养身；相信穷途过后，必有大道供我阔步。不管世界多纷杂，我亦从从容容以待之。

活在天地间，做个从容客，珍惜片片光阴，微笑向暖，不惧流年似水，不惧秋风乍起，不惧华发暮年，唯愿如冰心般从容淡雅，正如那"愿你生命中有够多的云翳，来造成一个美丽的黄昏。"

（插图：汕尾市陆河县河城中学　彭云芝）

品生活趣味，见真实性情

——读梁实秋的《鸟》

汕头市聿怀初级中学　黄春馥

梁实秋的《鸟》是今年新增的篇目。它的出现，说明语文教材素材的选择在人文性方面迈出了可贵的一步。梁实秋作为近代的文学大家，很长时间里都处于被忽视的境地。很多人都熟悉鲁迅的《从百草园到三味书屋》，可是未必知道还有这位雅俗共赏、诙谐幽默又涉猎广博的作家。《鸟》走上课堂，为广大中学生认识五四运动的元老提供了一扇小小的窗户。

任何作家写文章，都离不开一个"趣"。无趣的文章，味同嚼蜡，面目可憎。有趣的文章，让人读之忘倦。趣味有区别。有的趣是理趣，在娓娓道来里有咀嚼不尽的味儿；有的是带着嘲讽的机锋，如鲁迅这样的革命家，其文风如匕首，如投枪，时时在犀利讽刺里凸显幽默。梁实秋的趣是情趣。他的《雅舍谈吃》《雅舍小品》等跟沈复的《浮生六记》一样，都着重于记叙周围的生活琐事，在琐事里凸显个人的独特视角和真知灼见。有趣又不陷进浅薄和刻薄，需要深厚的修养和悲悯的情怀。

他写的《鸟》，把普通的小动物写得入木三分。如"从前我常见提笼架鸟的人，清早在街上溜达（现在这样悠闲的人少了）。我感觉兴味的不是那人的悠闲，却是那鸟的苦闷。胳膊上架着的鹰，有时头上蒙着一块皮子，羽翮不整地蜷伏着不动，哪里有半点瞵视昂藏的神气？"开头就刻画出一幅漫画版的"笼中鸟图"。人的自鸣得意、悠闲自在和鸟的困顿苦闷形成鲜明对比，笼中鸟的没精打采和笼外鸟的神隽精灵又是有趣的对照。对比之下，人的自私冷酷，鸟的可悲可悯昭然若揭。他写的不仅仅是鸟，其实也是写不自由的灵魂。从人性的角度去透视动物世界，才会真切体会到这些生命内心深处的痛楚和渴望。就是写不愉快的事情，我们感受到的仍有淡淡哀愁里的兴味，在灰色里静静的情趣。

又如"黎明时，窗外是一片鸟啭，不是叽叽喳喳的麻雀，不是呱呱噪啼的乌鸦，那一片声音是清脆的，是嘹亮的，有的一声长叫，包括六七个音阶，有的只是一个声音，圆润而不觉其单调，有时是独奏，有时是合唱，简直是一派和谐的交响乐。"没有细心倾听的人，很少能把鸟的声音描绘得如此细致传神。他用一系列生动的叠词写出了鸟鸣的多样、活泼。长句和短句交相变化，使文章像鸟鸣那样悦耳动人。"音阶""交响乐"的比喻，更突出了鸟鸣的热烈圆润，趣味盎然。那般摇曳多姿

的一系列描写简直就是活生生无韵的诗，就是华丽多变的语言舞台，就是一道清澈透明沁人心脾的流水，让人心旷神怡，耳目清凉。

描写充满语言之美，也有孩子般的天真和绣花般细腻的情怀。不仅有鸟鸣的愉悦，还有自由生命的快乐。他的快乐是建立在鸟的快乐之上的。他的情趣不是基于狭隘的个人美恶，而是有着深广人性的关怀。

他本身何尝不是一只纵声歌唱的云雀，一只鸣声优美的夜莺？

至于写鸟的外形，那简直就是绝唱！"鸟的身躯都是玲珑饱满的，细瘦而不干瘪，丰腴而不臃肿，真是减一分则太瘦，增一分则太肥，那样的秾纤合度，跳荡得那样轻灵，脚上像是有弹簧。看它高踞枝头，临风顾盼——好锐利的喜悦刺上我的心头。"这段描写，语言清雅，如同行云流水，不见斧凿之痕，没有卖弄之嫌。"减一分则太瘦，增一分则太肥，那样的秾纤合度"，"看它高踞枝头，临风顾盼"脱自古籍而衔接自然，没有呆板只有生动。鸟在我们眼里，简直就是个清水出芙蓉，爱活泼喜争俏的小姑娘。它的外形，它的动态都那么顾盼生姿，引人流连。"好锐利的喜悦刺上我的心头。"用"锐利"和"刺"写出鸟的美好，给作者无法抑制深入骨髓的喜悦之情。

这篇文章，是淡淡阳光下春天的树林，给人无尽的遐想。

（插图：汕头市东厦小学　黄可伊）

找到隐藏在平淡叙述中的心灵密码

——解读《叶圣陶先生二三事》

汕头市正始中学　李开娴

　　张中行先生的散文，语言看起来平平淡淡，好像一条缓缓向前流淌的小河，没有波澜起伏，没有激情的水花……然而，当我们真正走入文本，品味其语言时，我们就如潜入水底，找到作者蕴藏于其中的深情，破解出作者的心灵密码。

　　在《叶圣陶先生二三事》一文的开头——"1988年2月16日"，年月日的清晰记录看出作者对这一天的刻骨铭心。这天是除夕夜，在人们欢声笑语庆贺新春的时刻，叶圣陶先生却孤身一人走向不归路。在鞭炮声中，撕心裂肺的、此生再不相见的离别之痛隐藏在"双层的悲哀"中。

　　作者为何对叶圣陶先生的逝世有这样哀痛的心情呢？

一、叶圣陶先生是"立德"的最高典范

"《左传》说不朽有三种，居第一位的是立德。在这方面，就我熟悉的一些前辈来说，叶圣陶先生应当排在最前列。"作者本人是著名的语文教育家、学者、作家，写作此文时已经是79岁高龄了，他所说的话自然有足够的权威性。然而作者并没有说这是他个人的看法，而是"前辈"说的。前辈指的是比自己年辈更长、资历更深的人。很明显，作者这样写的目的是为了把叶圣陶先生的"德"推举到更高的位置。一个"总"，一个"最"，这两个词，一个是时间副词，说明这种判断的恒常，一个是程度副词，说明在人们心目中叶圣陶先生德高望重是数第一的，这是作者以及前辈们对叶圣陶先生在"德"这个方面无可取代地位的一种最高肯定。这样一位大师离开了，哀痛之情要如何言说呢？

二、叶圣陶先生是待人宽厚的长者

"凡是同叶圣陶先生有些交往的，无不为他的待人宽厚而深受感动。""凡是"用了极其肯定的语气，涵盖了所有与叶圣陶先生有过交往的人。"有些交往"包括了交往深以及交往不深的人，还包括交往时间长和并不长的人。然而这些人"无不""深受感动"。这句话不仅突出叶老"待人宽厚"是所有人的共同认识，而且还表现了作者对叶老的尊重和爱戴，对叶老人格魅力的肯定和赞叹。

从文中一句"我编课本，他领导编课本"可以知道，叶老是张中行先生的顶头上司。然而，这位上司因为自己普通话生疏而请张先生帮忙修改，然后又因为一两处他认为可以不动的地方，与张先生讨论同不同意恢复，"一定亲自来""谦虚而恳切"地询问，"好像应该做主的是我，不是他。"在两千年封建文化的熏陶下，我们习惯的是长者为尊，顶头上司更是高高在上，而叶老宽厚至此，谦逊如斯，能不让人深深感动？

文中讲述叶老晚年时候，已经不能起床，面对问候者"举手打拱，不断地说谢谢。"——透过"不断地"三字，我们仿佛可以看见病得起不了床的叶老，忍住身体的不适，忍住自己的痛苦忧伤，勉力举起双手，满怀感恩地感谢来看望他的人。

叶老先生就是这样的躬行君子，在不动声色中影响了无数人。他的宽

200

厚，是到达极高的人生境界才能具备的品质，是一种大爱，是一种普度众生的大慈悲，能于无声处给人震撼。所以，作者在叶老逝世之后愈发感念他的宽厚，哀斯人不在，哀美德难寻。

三、叶圣陶先生的严于律己与语文界乱象

叶圣陶先生的严于律己包括正心修身和"己欲立而立人，己欲达而达人"。叶圣陶先生心怀天下，他历任教育部副部长，规范了现代汉语的语法、修辞、词汇、标点、简化字，他使学习汉语言变得简单。他为废除烦琐复杂的古汉语旧制和改良封建教育理念不停做斗争。他一直坚持的一件事就是：删繁就简。

作者写道："我们在一起的时候，常常谈到写文章，他不止一次地说……""常常""不止一次"说明多次，为何要反复地说呢？因为语文乱象多，难以控制，这让心忧语文发展的叶老寝食难安。叶圣陶先生对自己的要求很高，同时他也要把这种对写作的要求推广出去，所以"常常、不止一次"地说。

乱象纷纷而叶老往矣！此刻的遗憾与哀伤，只能化作结尾的谆谆告诫。

平实的文字蕴含着真情，平淡的叙述深藏心灵的密码。云山苍苍，江水泱泱，先生之风，山高水长！在张中行先生的文字中，我们敬仰叶圣陶先生的风范！

（插图：汕头市聿怀初级中学　张秦）

201

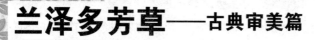

兰泽多芳草——古典审美篇

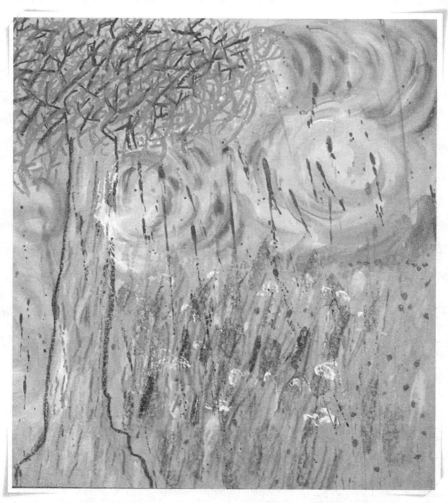

（插图：曾广琪老师美术工作室）

《蒹葭》之美

汕头市聿怀初级中学　郭嘉

　　《蒹葭》是秦风中的异数，在粗犷豪迈、古朴阳刚的秦风中有这么一首雅致清丽、浪漫朦胧的《蒹葭》，就像在一群膀大腰圆的西北汉子中突然出现了一位"人如美玉"的翩翩陌上郎君一般，叫人眼前一亮。

　　诗评家对《蒹葭》向来不吝溢美之词，王国维在《人间词话》中说："《诗·蒹葭》一篇最得风人深致。"意思是说，《蒹葭》是《诗经》里最美的一首诗。

　　《蒹葭》之美，美在手法。《蒹葭》与《诗经》中诸多篇章在艺术手法上有许多相似的地方，譬如诗歌形式上重章叠句的特点。《蒹葭》全诗分为三章，每章皆以"蒹葭"二字起笔，辅之以"苍苍""萋萋""采采"，极言蒹葭繁盛之貌，每章第二句落笔"白露"之上，用"为霜""未晞""未已"简笔勾画秋露姿颜，又点明季节和时间。此六句回环相扣，诵于唇间则诗意、境界全出。诗歌又以"溯洄从之""溯游从之"连贯全诗，描画追寻求索的历程和姿态，以"道阻且长""道阻且跻""道阻且右"铺叙追寻路程的漫长、坎坷和起伏，其间一步三叹，情怀百转千回，追寻求索的艰辛，不肯放弃的执着，求而未得的怅惘，皆跃然纸上。"在水一方""在水之湄""在水之涘""宛在水中央""宛在水中坻""宛在水中沚"等数句则反复点明追寻的目标以及那种可望而不可即的飘忽不定的状态。

　　重章叠句的手法造成了一种回环反复的音韵效果，《蒹葭》一诗中重章叠句的使用，也更强调抒发了追寻者对目标的那种望之可见，求而不得的怅惘之情。这种情绪与《关雎》中的"求之不得，寤寐思服，悠哉悠哉，辗转反侧"的具体形象的直接描摹不同，追寻者的执着坚持，怅惘失落，更多来自读者透过对诗歌字面之外的意蕴的领会。如果向读过《蒹葭》的人提问："这个人还会不会一直追寻下去？"相信大多数人的回答是肯定的。所以，《蒹葭》

让读者对诗歌产生了一种可以意会不用言传的奇妙默契，它不必言之必尽，因看它读它的人都已心有领会。

《蒹葭》之美，美在意境。诗歌以秋为境，以"蒹葭""白露"、水滨、水中沙洲等景物的组合，勾描出一幅秋日晨早、河滨芦苇苍茫、晨露清冷的图景，营造出一种清丽风雅的意境氛围，这种意境氛围又因秋天的大背景，天然地带上了些逢秋的淡淡悲愁。显性的景物铺排，氛围的渲染都是为了突出诗歌中半隐性存在的"伊人"这个意象，之所以说是半隐性，是因为几乎所有读过《蒹葭》的人都知道"伊人"是美的，但她（他/它）的美好，却让人无法说明，不像《关雎》中有"窈窕"二字为淑女注解，也不像《静女》中以"姝""娈""美人"来直言其美。诗中没有正面描摹伊人之美，这个伊人于读者而言像是"美人如花隔云端"，但距离往往更容易产生美感，于是我们在心理上更容易理解为什么作者会追之不舍，求之若渴，是因为对未知的好奇几乎是人类的天性。

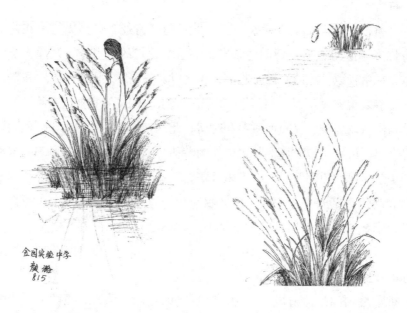

金国实验中学
颜潞
815

因而，《蒹葭》之美，又美在朦胧。对于《蒹葭》中"伊人"的所指，历来众说纷纭，诗歌的主题也因此变得朦胧不清。把它当成爱情诗来解读，算是一种较为浅易的理解。毕竟《诗经》之后，我们在读屈原的《楚辞》的时候，是不会将其中的美人香草真的就看成字面上的"美人香草"，我们读李义山的《锦瑟》，读他的"无题"诗时，是无法不去思考爱情表象之下涌动的可能隐藏着的另一种情怀。然而，作者终究没有说明。"言念君子，温其如玉。在其板屋，乱我心曲"（《秦风·小戎》）"乘彼垝垣，以望复关。不见复关，泣涕涟涟。既见复关，载笑载言。"（《卫风·氓》）可以将爱情叙写得如此直白的《诗经》里，《蒹葭》意象的朦胧，情致的含蓄，确实难免让人浮想联翩。朱熹的《诗经集传》解释此诗时说："言秋水方盛之时，所谓彼人者，乃在水之一方，上下求之，而皆不可得。然不知其何所指也。"

这大概也是诗歌之所以美妙、经典之所以历久弥新的原因所在，每一部作品从作者的手中诞生之时，便有了作者也无法掌控的生命力，每一个读者亦借由各自的学识、阅历，在阅读作品的时候与作者进行跨越时空的心灵对话，进行着属于自己的二度创作。所以，"一千个读者就会有一千个哈姆雷特"，不同的阅读体验和认知，不同的感受和审美愉悦，这就是阅读的魅力及可贵。

（插图：汕头市金园实验中学　颜璐）

渔人耶？愚人耳

——说说陶渊明《桃花源记》的主人公

汕头市潮南区峡山南里棉岭学校　吴彦卓

成语"世外桃源"背后的故事为大众所熟知，《桃花源记》一文虽写于1600年前，但它并没有被时间所湮灭，反而千百年来被传诵，被向往。这篇仅300多字的奇文引发了历代文史学家们的多种考证与研究，对其描述的理想社会等做了很多的评述，对故事的主人公——渔人，却少有问津。梁启超在《陶渊明之文艺及其品格》一文中赞誉《桃花源记》为"唐以前的第一篇小说，在文学史上算是一篇极有价值的创作。"那么我们不妨就把它看成一篇小说，来说一说这个渔人。

进　入

故事的主人公是一个以打鱼为生的人，这个人很"执着"。一天，他沿着溪水捕鱼，走了很远却没捕到什么鱼，天空也越来越陌生，水面偶尔漂着桃花。面对着这忽然出现的，只有桃树的树林他已感到惊异，但他没有选择掉转船头，而是继续向前走，并想要走到林子的尽头。山上那个隐约有些光亮的难以进入的小洞，他选择进入并前行不止。在《列子·汤问》中，有个不达目的誓不罢休的愚公，他通过坚定的决心和坚持不懈的行动，成就了自己的伟业。渔人的前行也是纯粹的，我们很难说清这种简单的前行是勇敢还是愚鲁，更难以推测这背后的目的与动机，唯一知道的结果是它让渔人得以偶入桃源奇境。

游　历

进入桃花源后，渔人眼前的桃源世界："土地平旷，屋舍俨然，有良田美池桑竹之属。阡陌交通，鸡犬相闻。"桃源自然环境美好清新，社会环境安宁和谐。渔人眼里的桃源人："其中往来种作，男女衣着，悉如外人。"这里的"外人"是什么人？是桃花源外的人吗？《桃花源诗》中说"俎豆犹古法，衣裳无新制。"桃源人按古制进行祭祀，衣着也没有改变。桃源人自述先世为躲避秦时的战乱而来到这个与世隔绝的地方，没有再出去过，遂与外人间隔。然而600年间自汉至晋朝代更迭，世事变迁，试问世俗之人的衣着怎么会没有改变？为什么渔人眼里桃源人的衣着和外人是一样的呢？这是怎样的一个有眼无珠的愚人啊！

桃源人见到渔人这个外人感到非常惊讶，渔人却似乎显得无动于衷，只是向桃源人详细地讲述着自己的身世。桃源人为了躲避秦时战乱来到了这样一块没有剥削压迫，没有战乱纷争的人间净土，过着和乐安宁的生活。渔人自己生活在水深火热之中却能几近不露声色地讲述所知的世事沧桑，只留给桃源人无尽的感叹与惋惜，这是怎样的麻木不仁啊？可以说渔人的愚钝在这桃源圣地的游历中暴露无遗。

离　开

桃花源诗说："奇踪隐五百，一朝敞神界。"这"神界"竟然留不住渔人，渔人在被"要还家，设酒杀鸡作食"和"各复延至其家，皆出酒食。"后，仅仅停留数日，就要离开，这是何等的让人不可思议的行为啊？心中那世俗的世界为何放不下呢？为何要离开乐土回到焦土？渔人甚至对桃源人"不足为外人道也"的叮嘱也不做回应，难道这"秋熟靡王税""鸡犬互鸣吠""童孺纵行歌，斑白欢游诣""怡然有余乐"的理想之国不值得他珍惜呵护，为之保密吗？

离开后，渔人为什么如此愚笨的要"处处志之"，是想再次回来吗？那又为何要离开呢？更可怕的是径直"诣太守，说如此"，渔人为何如此愚顽呢？

因为你的愚鲁，才得以误打误撞进入这人间乐土；因为你的愚钝，才会让你身在奇境却不知是福；因为你的愚顽，才会让你与桃源彻底绝缘。

这样的一篇渔人奇遇记，警告我们千万不要做愚人。

（插图：汕头市嘉顿学校　林榕欣）

《与朱元思书》美点探究

汕头市岐山中学　吴锡钦

　　《与朱元思书》是南朝山水小品文的鼎力之作，原是作者吴均写给友人朱元思的一封书信，全文仅144个字，却突破了一般书信的格式，生动逼真地描绘出了富春江沿途的绮丽风光，它是骈文中写景的精品，使人读后确有悠然神往之感。

一、角度多变，手法丰富——意境美

　　作者善于在统一和谐的基调上，运用多种艺术手法从多种角度来精细地刻画景物，使之形象生动丰满，立体感尤强。

　　书信一开头，作者就用"风烟俱净，天山共色"八个字，从大处落笔，描绘了春江清秋季节风清日朗、天碧山青的清爽天气。进而以"奇山异水，天下独绝"总揽全景，总述富阳至桐庐的景色，空灵澄澈，境界开阔。

　　写"异水"，色彩的配置比较素淡，像一幅水墨画。"水皆缥碧，千丈见底。游鱼细石，直视无碍"，作者用白描手法抓住江水"缥碧"的特点，写出其晶莹清澈的静态美：这水仿佛透明的，可以一眼见底，连那倏来忽去的游鱼，水底累累的细石，都可以一览无余。"急湍甚箭，猛浪若奔"，以比喻夸张的手法，勾勒其急湍猛浪的动态美：这水有时又迅猛奔腾，一泻千里。这一静一动的结合，勾勒出水随山势的改变时显得壮美的奇异画卷。

　　写"奇山"，在视觉与听觉、动与静、声与色、光与影的巧妙结合中，为我们绘制出了一幅充满生命力的大自然的图画。"负势竞上""争高直指"，从形的角度写山势本身之奇：山本是静止的，而在作者笔下，却仿佛有无穷的奋发向上的生命力，它们仿佛要挣脱大地，直上青天，欲上不能，便"千百成峰"。清泉的吟唱，好鸟的和鸣，蝉的鸣叫，猿猴的啼鸣交织成优美的山林交响曲，从声的角度写空山天籁之奇：这些欢快的声音，汇成一曲生

208

命的颂歌，把这寂静的山谷，变成一个热闹、和谐、欢乐、祥和的世界。最后作者笔锋又从动转静，写出了谷中枝密林茂，浓荫蔽日，在白天也只是"有时见日"的幽暗景象，这是从色的角度写山林中有日无光之奇：从喧闹回归到宁静，幽暗景象与山外的明媚对照起来写，使整个画面动静结合，明暗相映，富于变化，给人以美的享受。

二、向往自然，厌弃尘俗——志趣美

古往今来，许多文人墨客睹物思情，借景抒怀，写景的文章都不是单纯为写景而写景，写景是为了写情，情景相生，方能彰显意趣，吴均也不例外。我们可从作者对景物的描写中，从寥寥几句写观感的语句中，领略到作者高雅的志趣、高洁的情怀。"从流飘荡，任意东西"流露出一种享受自由、无拘无束、无牵无挂的轻松惬意；从对山水的描写中，体会到作者对自然、自由的热爱，对生命力的赞颂。更令人赞赏的是，文章最后一句"鸢飞戾天者，望峰息心；经纶世务者，窥谷忘反"，将写景自然而然地转入到抒怀，这是作者心与大自然的融合，作者的感情至此已得到了升华，灵魂得以净化，世间的一切功名利禄、忧愁烦闷于此已消失殆尽，不足为外人道了。

三、清新流畅，精于锤炼——语言美

语言简约清新，内涵丰富。多用骈句，铿锵有力、工整清丽，句式整齐，朗朗上口；用词精练，短短144字写尽富春江两岸风光。一是文字既千锤

209

百炼，又生动晓畅。如用"奇"和"异"总括富春江山水特色；用"箭"和"奔"来比喻水流之迅急；用"竞"和"争"来形容山峰争先恐后向上崛起的形状。二是句式整齐而有变化。文中在四字句、六字句中运用了"鸢飞戾天者，望峰息心；经纶世务者，窥谷忘反"这样的五字与四字交替运用的句式，避免了骈文刻板划一的弊病，使语言显得活泼洒脱；文章前半部分几乎没有对偶，无异于一般散文，后半部分则基本上是工整的对偶句，这样骈散结合、疏密相间的安排，使语言灵活多变，更具韵律美。三是综合运用多种修辞手法。比如用夸张的修辞手法写出水之净，用比喻的修辞手法表现水之猛，"负势竞上，互相轩邈"，不但写出了山峰凭借地势形成的千姿百态之状，而且还赋予它人的心理——个个争着向高处和远处伸展，写出了山的生气、活力，拟人修辞手法的运用，也使山势独具风韵，个性鲜明。

《与朱元思书》不仅有词采隽永、音节和谐的诗一般的语言，更洋溢着清新淡雅的诗情；有特色鲜明的景物，更有明朗洒脱的画意。总之，读《与朱元思书》，如品一杯香茗，越品香气越浓，沁人心脾，给人以美的享受、心灵的愉悦。

（插图：汕头市金园实验中学　颜璐）

从品读杜甫《江南逢李龟年》开始

汕头市正始中学　李开杰

"岐王宅里寻常见，崔九堂前几度闻。正是江南好风景，落花时节又逢君。"

对中小学生来说，阅读古诗文是一件不容易的事情，因为其文化差异难以弥补，作品中一些观念上的联系难以体察。但是古诗文作品能够流传千古，应该归功于其高度的艺术水平，在一定程度上实现了雅俗共赏。如果中小学生在阅读时，将繁难的东西暂且放下，以传统文化浅表知识为基础，把目标定在能够产生美感和共鸣的适当位置上，那么古诗文阅读对中小学生来说，或许就不再是一件难事。

《江南逢李龟年》这首作品，难得文字通俗易懂。题目用一个地名，一个动词，一个人名，句式凝练，简明扼要。（以中国文化去思考，能够体会到更多的东西。"我在江南相逢李龟年"的内容，将"我"去掉，"我"则隐藏起来，由实返虚。诗歌中的内容，莫不是"我"眼中所见，心中所感，而"我"不出现，不产生干涉，则有助于读者在内容中代入自己，产生共鸣。）

诗歌格律为七言绝句，比起类似体裁五言绝句内蕴的特点，每句多了两字的七绝更适于抒发。偶数句末尾押韵二字"闻""君"，用"语言活化石"潮汕方言读起来更有押韵的感觉。

首句与次句可以算是一个不太严格的对仗修辞，宽对。（两句音律平仄两两无差，"岐王宅里"，对得上"崔九堂前"，"寻常"词意上可以对"几度"，"见"与"闻"也成对。鲁迅先生在他的作品《从百草园到三味书屋》里描述过自己学国学的过程："对课也渐渐地加上字去，从三言到五言，终于到七言了。"这里的对课就是将字数相同，词意可对的词汇想出来并找出来的训练。）作为诗文展开的起和承，此两句用对仗相当巧妙。从绝句的创作来说，这两句是可以不用对仗的。作者在这里用出对仗来，就有他的用意。

（"岐王""崔九"如若深究，将又是一大篇文章，对诗意解读无益，简单做当时权贵理解，更能改善读诗的过程。）此二句不但说出作者与李的熟识，还暗含二人皆在权贵近前的隐义，依附之态跃然纸上。既附权贵在长安，又何以相遇江南？这里就需要引入众所周知的唐朝大祸安史之乱来解疑。但作者并不令安史之乱在字面上出现来煞风景，而是以佳名见诸眼前，苦痛隐于言外。"正是江南好风景，落花时节又逢君。"他乡遇故知

何其难得，相遇青山绿水的烟雨江南，看花开花落何其雅致！对作者背景一无所知的人，读完诗歌是多么满足，权贵相惜，江南偶遇，快哉快哉。这种美，是初始层面上的美，只言佳境不露意。对作者经历略知一二的人，却能体会到作者逢大唐盛极而衰，逃离京城流落江南的惊惶凌乱，哀情衬于乐景，痛何如哉？这哀与乐的奏鸣，是对诗与人深入一层的体味。但是，且问作者在此情此景，他所珍惜的，是过往的美好时光与眼前的久别重逢，还是抓住多年的离乱不放而叫苦连天呢？再看此诗，显然作者有着大多数人所难及的涵养。这重逢一刻的激动，对过往佳境的回忆，字字句句留在诗中，是对作品吮哑已深和对诗人秉性品格深知的再次沉淀。

　　一诗终了，余音袅袅，诗中之杜甫，是吟诵此诗之时的杜甫，是名留千古的一代诗圣的一个侧面。《三吏》《三别》之杜甫，又是另外的多个侧面。杜甫留下的诗作，将他随着时光向我们追来的经历，以寻常文字难以企及的艺术水平，精确地展现在同为中国人、同学汉字汉语的文化继承者面前，这是一份诗史，是一份不可估量的文化遗产，也是一篇中国人都应该好好去读的佳作。

（插图：汕头市芙蓉小学　杨奕纯）

一曲惆怅而不失豁达的千古绝唱

——《水调歌头·明月几时有》文本细读

潮州市高级实验学校　　刘佳

　　漫长的人生中，谁也不可能总是一帆风顺，难免会遇到挫折和坎坷。面对这一情形，有的人选择暗自神伤，终日沉溺于痛苦的泥沼中无法自拔；有的人为了寻求解脱，采取种种方式让灵魂和肉体分离；还有的人看破红尘，与青灯古佛相伴。俗话说："人生不如意事十之八九。"面临失意时，该如何对待呢？我们且看苏轼的《水调歌头·明月几时有》。

　　此诗作于宋神宗熙宁九年（丙辰年）。当时苏轼正值壮年，由于官场上与王安石等变法者政见不同，遭到排挤，被迫自求外放，辗转到各地为官。苏轼在各地为官期间，六七年未曾与胞弟苏辙团聚。当时的苏轼，工作生活均不顺心：官场上不得意，心情沮丧；家庭生活上，与亲人长期分离。恰逢中秋佳节，皓月当空，银辉遍地，在这个本该是"月圆人团圆"的良辰美景中，苏轼却只能孤身面对着一轮明月。于是他举觞赋诗，对酒当歌，大笔挥毫，将这一时期的进取仕宦与失落人生等惆怅心境和豁达情怀诉诸笔端。

　　先看小序部分：丙辰中秋，欢饮达旦，大醉，作此篇，兼怀子由。这里交代了写作时间，作者的心理状态和写作目的。"欢饮达旦，大醉"可见当时的苏轼是快乐的。在密州任上，苏轼抗旱，灭蝗，辟泉，兴修水利，建造新堤。政绩的突出让他找到了人生价值，但大醉后，压抑的情感被酒激发出来。他想到此次来密州就是为了能和在济南为官的胞弟苏辙骨肉相依。为此，他特地在杭州通判的位置上请求调职，来到与济南相对较近的密州做太守，但仍因各自疲于官事而不得相见。"作此篇，兼怀子由"，说明了他写作的目的是怀念胞弟苏辙。但一个"兼"字，又意在说明不仅如此，那除此还有什么呢？让我们从词的上阕来寻找答案。

　　"明月几时有，把酒问青天，不知天上宫阙，今夕是何年。"诗人开篇

213

既不写明月之美，也不写佳节之欢，而是突如其来地发出一连串的疑问。因为要解惑，所以他要"我欲乘风归去"。可话锋随即一转，"又恐琼楼玉宇，高处不胜寒。"来了个一百八十度大转弯，道出了苏轼内心的犹豫。这里的"天上宫阙"暗指"朝廷"，一个"归"字，说明苏轼还是想回朝廷做官。在《江城子·密州出猎》一词中，苏轼以"持节云中，何日遣冯唐。"委婉地表达了自己想为朝廷效力的意愿。但一想到回去后，自然不能像在朝廷之外逍遥自在，生性耿直的他怕言论不当，使自

己再度不容于朝廷。宫阙虽富丽堂皇，却不能"起舞弄清影"。最终苏轼在儒家"入世"和老庄"出世"两种思想斗争中选择了入世，即在人间。在政治失意的情况下，惆怅的苏轼以他的豁达乐观创造了属于自己的天堂。

词的下阕重在写他对弟弟苏辙的思念。"转朱阁，低绮户，照无眠。"夜色渐浓，思亲之苦使苏轼彻夜难眠。于是他便埋怨圆月："不应有恨，何事长向别时圆？"无理的语气进一步衬托出词人思念胞弟的手足深情，同时又含蓄地表示了他对不幸离人的同情。然而，苏轼是理性的，他随即想到月亮也是无辜的，便转而为明月开脱："人有悲欢离合，月有阴晴圆缺，此事古难全。"既然如此，又何必为暂时的离别而忧伤呢？于是他心态一转，洒脱地以一句"但愿人长久，千里共婵娟"来作结，祝愿那些和亲人千里相隔的人们，能同时欣赏到这美丽的月色，能活得长长久久，能一直坚持到与亲人相聚。在与亲人无法团聚的情况下，惆怅的苏轼以他的豁达乐观排解内心的苦闷，最终呈现出对世人及人间的热爱。

胡仔在《苕溪渔隐丛话》中说："中秋词自东坡《水调歌头》一出，余词尽废。"我想，这首词之所以成为千古绝唱，最主要的原因是苏轼在不如意的生活中，能始终以豁达乐观的心态来对待残缺的现实吧！

（插图：汕头市东厦小学　黄瀚逸）

214

清风明月总关情

——我读《苏轼》

揭阳市产业园才林中学　刘秀萍

　　人教版初中语文课本中出现的宋词以苏轼的作品居多，八年级上册有《浣溪沙》、九年级上册有《水调歌头》、九年级下册有《江城子·密州出猎》，此外还有一篇短文《记承天寺夜游》。

　　借着假期的闲暇，我再读《苏轼》。记忆中，初次接触苏词正值秋天，一句"明月几时有，把酒问青天"成为走近苏轼的媒介，后来又读到了"振之以清风，照之以明月"，此后，每每于文字间邂逅苏轼，自然而然就想起了清风多情，明月有意。

清风明月·手足情

　　熙宁四年，东坡因与王安石等人政见不合，自求外放。熙宁九年，任密州太守，此时他与苏辙已阔别七年。东坡兄弟一生手足情深，他在官场中颠沛沉浮之时，苏辙为了营救他自请贬谪。苏辙说苏轼"扶我则兄，诲我则师"，苏轼认为苏辙"岂是吾兄弟，更是贤友生"。是年中秋，兄弟二人不能团圆，连中秋月也姗姗来迟，只有借着大醉，怀念往昔时光，感慨万千，挥笔写下了千古名篇《水调歌头》。

　　首句化用李白的诗句"青天有月来几时，我今停杯一问之"，问青天为何月未出，进而欲超脱于天上，升入月宫中，然而又怕天上月宫严寒，不能适应而陷入矛盾中。将天上与人间相比，终是依恋凡尘，觉得人间有趣。这几句虽是奇思妙想，但终究是现实的反映。

　　圆月终出，银辉洒地，斗转星移，月影渐缺。月不能长圆，人不能长聚，自古如此。月光穿过"朱阁"，照进"绮户"，照到了房中迟迟未能入眠的东坡，也照到了苏辙以及中秋佳节难以入眠的所有离人。由思念推出美好的祝愿："但愿人长久，千里共婵娟。"离愁难弃，唯把祝福托付清风明月，缠

215

绵悱恻的离愁别绪，诗情画意的境界，真诚美好的祝福，富于哲理的语言，都具有无尽的柔情，无不渗透出东坡的浪漫主义情怀。

一阕《明月几时有》终成千古绝唱。

清风明月·结发情

除却兄弟情深，对妻子的爱在苏轼的作品中也俯拾皆是，譬如那首人们称为千古第一悼亡词的《江城子·记梦》。

"十年生死两茫茫。不思量，自难忘。"阵阵凉风中恍然若见王弗的灵魂驾着一弯冷月翩然而来，梦中夫妻相会，王弗"小轩窗，正梳妆"，犹如结缡未久的少妇，流露出新婚燕尔的闺房之乐，而宦海浮沉、南北奔走的东坡却"尘满面，鬓如霜"。两人"相顾无言，唯有泪千行"，此时无声胜有声，一对恩爱伉俪阴阳永隔，无限哀痛。

"料得年年肠断处，明月夜，短松冈。"东坡用明月、松冈象征王弗不灭的魂灵，设想年年这个伤逝的日子，在那清冷的月明之夜，在那荒寂的短松冈上，亡妻都为自己柔肠寸断，泪洒滂沱。阴阳相隔，两心相通，蕴含了东坡对王弗的哀思拳拳不已。

东坡用明月象征亡妻之灵，描写清风明月，渲染凄清、悲伤的氛围，从中寄托对逝者无尽的思念和沉痛的悼念，一个七尺汉子心中的柔情又怎能不令人泪眼婆娑呢？

千古明月·东坡情

清风明月在东坡的笔下成了有形有象的精神寄托。东坡命运坎坷，一生迁徙八州，始终穷而弥坚，奋发蹈厉。清风明月的清淡空明与他的人生际遇相近相融，他借清风明月抒发生命感悟和人生追求，酝酿出清幽空寂而又旷达飘逸的"东坡风格"。

《记承天寺夜游》中一个随心随性的性情东坡跃然纸上。透过文字，我们看到了庭院中一池空灵的月色，看到了一个漫步于月色中的飘逸身影；寥寥数笔，可谓勾魂摄魄，精练得无以复制。

"何夜无月？何处无竹柏？但少闲人如吾两人者耳！"简简数语，摄取了一个生活片段，感慨深长。它包含着作者宦海浮沉的悲凉之感和由此领悟到的人生哲理，以及在痛苦中又得到某种慰藉的余甘。

《江城子·密州出猎》中的名句"会挽雕弓如满月，西北望，射天狼。"东坡用圆月比喻满弓，表明自己虽仕途受挫，鬓发染霜，但仍希望能像

216

汉文帝派冯唐持节赦免魏尚一样，委以重任，奔赴边关，弯弓搭箭，抗击西夏和辽的侵扰，显示出大用于世、保家卫国的英雄豪气。

一轮明月，一个东坡。在月的阴晴圆缺中，我们看到了一个闲情雅致、高洁志趣的东坡，看到了一个凄凉愤懑、寂寞悲伤的东坡，看到了一个荣辱皆忘、旷达超然的东坡。所谓的"今人不见古时月"，实际是在说"今人不见古时人"；东坡已驾清风奔明月而去，万古明月中，定有一抹月色是"东坡月"。

在苏轼的作品中，山水之风月蕴含着对亲人、朋友的无限情思，风月之山水承载着对人生哲理的深沉思考，他笔下的清风明月关乎亲情、友情、家国之情，成为士大夫超越现实的人格化身，体现了一种飘逸明澈的理想风范，使清风明月染上了岁月的风霜，具有独特的文化内涵。

（插图：汕尾市陆河县河城中学　彭云芝）

美哉，清照

揭阳市产业园区才林中学　刘秀萍

中考复习阶段，我把诗词做了归类，收获颇丰。课本中的宋词，或豪放，或婉约，都令人久久回味，特别是深入解读易安词时，一个美字更是萦绕心中——词美，清照更美。

一、清照之美，在其乐

《如梦令》是李清照早期的游赏之作，清新别致，写出花美、人美、景美，也写出酒酣游玩之乐。"沉醉""不知归路"传达出作者流连忘返的情致以及游溪赏荷的愉悦，"兴尽"两句，则把这种游赏之乐提高了一层，极好地表明了兴致之高及忘情心态。

这首小令之妙，一是用词简练，仅用几个画面就勾勒出一个清香流溢、色彩缤纷、幽杳而神秘的世界。二是情景相融，把移动着的风景和作者怡然的心情融合在一起，写出了词人身处日暮荷塘的惊喜与愉悦，不事雕琢，却富有一种自然之乐与自然之美，尽现词人纯真、率性、愉悦的独特之美。

二、清照之美，在其愁

写《武陵春》时，53岁的词人避难浙江金华，因国破家亡，丈夫离世，文物散失，流离异乡，生活无着落，情感无依托，故词情极其悲苦。

着眼之处皆"物是人非"，一句"载不动许多愁"道出了满怀愁绪，伊时国已破，家已亡，以前的那些别离、相思之愁仿如一朵小浪花淹没在这亡国之愁的滔滔江水中。人们大多只看到她愁绪满怀的一面，如果我们再深入参读她的诗文，就能更好地理解她的词背后所蕴含着的苦闷、挣扎和追求，就更能明了乱世中一个弱女子那忧国忧民的至忠、至诚与至美。

一阕《声声慢》，一句"寻寻觅觅"，却又是为何呢？

从她的身世和诗词文章不难看出，她所寻觅的有三样东西：一是国家民族的前途。面对破碎的国家，她"欲将血泪寄山河"，但又无奈为女儿身，她既不能驰骋疆场，又不能上朝议事，甚至连可倾心交谈的人都难觅，故此，她只能独自枕愁。二是寻觅幸福的爱情。面对支离破碎的家庭和爱情，她悲伤、沉痛、挣扎，欲再寻真爱，却碎得更为不堪，甚至落个"不终晚节"之辱。对于此痛此辱，难觅知音诉说，唯有独舔此痛、独饮此愁。三是寻觅自身的价值。她聪慧且勤奋，在金石研究和词艺上达到了空前的高度。但是，在那个"女子无才便是德"的社会里，才华似乎并没有让她增值，因此只好一人咀嚼孤独与凄凉，却又是一个愁啊。

唐诗宋词中写"愁"的比比皆是，但易安之"愁"唯其独特，情愁、家愁、国愁，愁之痛、愁之辱、愁之大挤满了船，塞满了心，如山、似海，虽让她喘不过气、舒不了肩，但她没有低下高贵的头，她以纤纤之躯忧着国家民族的大愁，也正因如此，才有了一个别样的清照，一种别样的愁。如今，当我们手执《宋词》，叙谈词人时，不禁叹曰：清照之美，也在其愁。

三、清照之美，在其韧

国家者，国土、国君、百姓也。面对着国土丧失，国君逃亡，百姓流离，国已不国，君已不君的局面，李清照愁绪满怀，她独自挣扎、苦苦期盼、坚韧以待。

乱世予她于黑暗，但她卓尔不群，她以平民之身，思公卿之责；以女人之身，求人格平等。不随波、不攀附、不低头，虽然种种磨难无情地加在她那如黄花般瘦弱的身上，但她依然以柔弱之躯、刚韧之性追求着一种人格的超群脱俗。

"生当作人杰，死亦为鬼雄。至今思项羽，不肯过江东。"写满了凛然风骨与浩然正气，是气魄的承载和所向无惧的人生姿态。其刚韧之坚、气势之大，几许须眉可匹敌？如此慷慨雄健、掷地有声的诗篇，却出自女性之手，真实地显示了一个

爱国知识女性的坚韧与美丽。

郑振铎这样评价："她是独创一格的，她是独立于一群词人之中的。"是呀，她以一种打不倒、折不断之韧独立于乱世中，独立于宋词中，独立于历史中，彰显着一个女词人的独特之美。

站在今天的历史节点上，当我们偶然回望一下千年前的风雨时，依然可以看见那个立于秋风黄花中的寻寻觅觅的女词人，我们不禁赞道：美哉，清照。

（插图：汕头市金园实验中学　颜璐）

涉江采芙蓉——异国启示篇

（插图：曾广琪老师美术工作室）

作品的生命力在于细节

——《走一步，再走一步》两种译本比读

汕头市聿怀初级中学　朱小敏

莫顿·亨特这位二战期间的英国皇家空军的"孤胆英雄"，在65岁回忆起他童年的一段经历，写成《悬崖上的一课》。可见这段经历对莫顿·亨特的一生启迪之大，节选自《悬崖上的一课》的《走一步，再走一步》，在2007年和2013年均入选人教版七年级教科书，且一直是典范读本。而2017年再次出现在教科书里的是不同译本。细读两种译本，笔者认为前者侧重于细节描写，文笔细腻；后者则侧重于心理变化的刻画。两种版本各有千秋。

2007版通过多变的动词突出细节，烘托出人物的内心活动，这是它细腻文笔的一个体现。"我终于爬上去了，蹲在小山道上，心惊肉跳，尽量往里靠。""蹲"的动作显示"我"内心的恐慌，以致腿发软，无力站立的状态；"靠"字不是悠闲自在的状态，而是贴着、挨着，刻画"我"提心吊胆的软弱心理。"在一片寂静中，我伏在岩石上，恐惧和疲乏使我全身麻木，不能动弹。""伏"字写出"我"因为长时间保持一个动作进退不得，身体麻木僵硬，只能手脚并用，趴着以支撑自己免得滑倒。"我"六神无主的情态通过动作而展露无遗。在爬下山崖的一段，"我慢慢地把身体移过去""我小心翼翼地伸出左脚去探那块岩石，而且踩到了它"。"移"时惊惧犹在，"伸""探"时带着迟疑地尝试，"踩到"表现出人物初尝成功油然而生的信心。2017版的相比之下，动词的使用相对单调了些，"我往后移动了一下，用左脚小心翼翼的感觉着岩石，然后找到了。"英文的"feeling"和"finding"按字面翻译"感觉"和"找到"，但这些动词显然没有体现中文动词的微妙变化，语言缺乏了情态韵味，细节得不到延长细化，无法体现走好第一步使"我"找到自信的心理，而这第一步的每一个细节是"我"一辈子难以忘怀的。选词的精准往往影响文章情感的表达，译作固然要尊重原文，但同时也应该追求语言的简洁，注重语言的情态，展现中国语言的魅力。相比之下，2007版选用的动词更精准。动作描写其实是人物心理活动的反映，不同的动词使文字灵活多变，写出人物不同的心理状态，同时推动着情节的发展。

2017版的出彩之处在于直接刻画人物的内心活动，使人物的心理活动更加真实。"不知何时，我回头向下看了一眼，然后吓坏了：悬崖底下的地面看起来非常遥远；只要滑一下，我就会掉下去，撞上崖壁，然后摔到岩石上，摔个粉碎。"这虚写的一幕是"我"对面临的危险的想象。2007版在这里仅仅用了"心惊肉跳"四个字，2017版则是具体刻画了心惊肉跳的心理活动过程；"其他的孩子则站在靠近边缘的地方，这种情景让我感到反胃，我偷偷地抓住背后的岩石。""反胃"是因为"我"恐高而产生的生理反应，其他孩子的举止和"我偷偷地"行为做对比，反映出"我"战战兢兢，畏惧不前的心理。"我想掉头回去，但是我绝对回不去了。这太远，也太危险了；在悬崖的中途，我会逐渐感到虚弱、无力，然后松手，掉下去摔死。但是通向顶部的路看起来更糟、更高、更陡，更变化莫测，我肯定上不去。"相比起2007版"我绝对没法爬下去，我会滑倒摔死的。但是，往崖顶的路更难爬，因为它更陡，更险。"2017版刻画"我"趴在岩石上不知所措，对自己的能力完全否定，胡思乱想种种危险局面的心理刻画更真实，更符合"我"这个胆小瘦弱，体力不支的少年形象。

作品的生命力在于它的细节，由细节的内涵往往可以窥见作者的匠心所在；而读者对于作品细节的把握与挖掘，则决定了对作品的解读究竟能走多远。

（插图：汕头市东厦小学　吴若曈）

以"动"传情，再塑生命

——品读《再塑生命的人》

汕尾市海丰县海城镇第三中学　郑鸿涛

　　《再塑生命的人》是部编版教材七年级上册第三单元的一篇阅读课文，是海伦·凯勒为感激莎莉文老师再塑其生命所写的一篇经典之作。文中安妮·莎莉文老师充满爱心的教育艺术，是启示海伦·凯勒智慧、给予她爱，从而使她走向成功再塑其生命的关键。怎样启示一个又聋又盲又哑的小女孩的智慧并让她感受到爱呢？最好的方法就是与之相接触的肢体语言。于是，文中莎莉文老师的动作描写就成了传达爱的语言。我们不妨从莎莉文老师的动作描写入手，去感受她以"动"传情，再塑生命的过程。

　　海伦·凯勒初次遇到莎莉文老师时，"一个人握住了我的手，把我紧紧地抱在怀中"。一个握手的动作和紧紧地拥抱到底有多大力量呢？也许对一个身体健全的人来说算不了什么，但对于一个身处黑暗或危险中的人来说，就具有非比寻常的意义了。试想，当你身处黑暗或危险之中时，是不是特别渴望有人可以拉你一把？联系海伦·凯勒当时所处的境地：眼睛看不了，耳朵听不到，嘴巴不会说话！正如海伦·凯勒自己所说，"在未受教育之前，我正像大雾中的航船，既没有指南针也没有探测仪，无从知道海港已经临近。"她的心里正在无声地呼喊着："光明！光明！快给我光明！"那么此时此刻，莎莉文老师的这一个握手和拥抱的动作就代表着"一种爱的光明"。因而，"握""紧紧地抱"这一连贯动作就成了传达情感的肢体语言。莎莉文老师以"动"传情，表达的就是一种爱的语言。

　　那么，莎莉文老师如何以高超的教育艺术教海伦·凯勒学习呢？还是莎莉文老师那以"动"传情的爱的语言成就了她。

　　"我玩了一会儿布娃娃，莎莉文小姐拉起我的手，在手掌上慢慢地拼写'doll'这个词，这个举动让我对手指游戏产生了兴趣，并且模仿着在她手上画。"为什么要"慢慢地拼写"呢？其实，哪怕是正常人闭着眼睛在彼此的手掌上玩猜字游戏，也不一定能够一次就猜中对方写的是什么字，何况是不能够听、不能够看又不会说话的海伦·凯勒呢？从这一动作描写中，我们仿佛看到了莎莉文老师一遍又一遍地教海伦·凯勒慢慢地拼写单词的情景……这无疑需要极大的爱心和耐心！

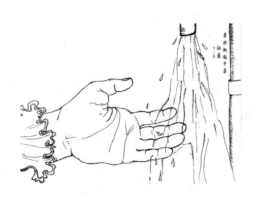

当海伦·凯勒因分不清"杯"和"水"这两个词，学得不耐烦而发脾气摔碎布娃娃时，莎莉文老师发脾气了吗？骂她了吗？都没有。"莎莉文小姐把可怜的布娃娃的碎布扫到炉子边，然后把我的帽子递给我"，带着"我"散步到井房。在井房，莎莉文老师把海伦·凯勒的一只手"放在喷水口下"，让海伦·凯勒亲身去体会水在手上流过的感觉，然后在她的另一只手上"拼写'water'"这个词。这种做法，既巧妙地消除了海伦·凯勒之前的不耐烦情绪，又促进了海伦·凯勒对语言文字的理解，更是成功地打开了海伦·凯勒的智慧之门。正如海伦·凯勒自己所说："水唤醒了我的灵魂，并给予我光明、希望、快乐和自由。"而这些，都是莎莉文老师以一系列爱的行动实现了海伦·凯勒思想上的飞跃。这不能不说是一种高超的教育艺术！

细读全文，品味那些饱含感情的动作描写，我们不难体会到：莎莉文老师正是以爱的肢体语言，以"动"传情，影响了海伦·凯勒的一生，从而再塑了海伦·凯勒的生命。从字里行间，我们也可以体会到海伦·凯勒对莎莉文老师的感激之情。海伦·凯勒最终以自强不息的毅力掌握了英文、法文、德文、拉丁文、希腊文等多种语言，成了著名的盲聋哑女作家、教育家……这些成就是与莎莉文老师的帮助分不开的。这对交往长达五十年之久的师生，也成了良好师生关系的典范，令人赞叹不已！

（插图：汕头市聿怀初级中学　张秦）

《变色龙》里说"变色"

汕头市岐山中学　吴锡钦

　　人教版九年级的课文里收录了俄国经典篇目契诃夫的《变色龙》。《变色龙》作为契诃夫现实主义的代表作之一，可谓形象鲜明、文笔精练、思想深刻。作者通过精彩的对话，运用反复对比的手法，成功塑造出了奥楚蔑洛夫这一见风使舵的"变色龙"形象。

　　课程标准指出："在理解课文的基础上，提倡多角度、有创意的阅读……拓展思维空间，提高阅读质量。"针对"变色龙"，教师可以在一般分析的基础上，引导学生进行更深一步的思考。

一、文本人物的"变色"

　　在常见的文本分析中，往往对奥楚蔑洛夫的"变色龙"形象会着重分析。然而稍加解读，便不难看出作品中的"变色龙"不仅仅是奥楚蔑洛夫一个。

　　比如赫留金——文中的受害者也是"变色龙"。你看他一出场，"他追上狗，身子往前一探，扑倒在地下，抓住了狗的后腿"，这一连串的动作描写，让我们感觉到这是一个身手敏捷的高手。可抓到狗后的他却"把一个血淋淋的手指头伸给人们看"，如果不是这根血淋淋的手指头，还真无法让人联想到他被小狗咬了。

　　当他面对警官奥楚蔑洛夫时，便成了一个"没招谁没惹谁"的老实人，成了一个"拿手罩在嘴上，咳嗽一下"再说话的斯文人，成了一个"不能用这个手指头"的可怜人。可当其他人揭穿他被狗咬伤的原因时，赫留金便又换了副面孔。他掷地有声地质问："胡说，独眼鬼！"他信誓旦旦地声明："要是我说了谎，那就让调解法官审问我好了。"他底气十足地炫耀："我的兄弟就在当宪兵。"无论何种说辞，都和一开场时的形象判若两人。

226

二、时代背景的"变色"

《变色龙》属于俄国19世纪批判现实主义作品，那个时代，资本主义世界格局发生巨变，资产阶级改革的浪潮波及封建的沙俄，沙皇俄国进行了一系列具有资本主义性质的改革，着手为农奴制披上光鲜的外衣。这些表面功夫使得沙俄这一落后国家开始呈现出"先进""文明"的色彩。比如在课文文本中，"法律"一词就出现了三次。

第一次是赫留金说道："长官，就连法律上也没有那么一条，说是人受了畜生的害就该忍着。"第二次也是赫留金说的："他的法律上说得明白，现在大家都平等啦。"可见底层群众已经知道提出"法律"维护切身利益。可第三次则是奥楚蔑洛夫说的："那儿的人可不管什么法律不法律。"一句话，点出了这样的法律只不过是统治阶级用来装点门面的虚伪事物而已。

正是时代背景的"变色"，造就了许多口称"法律"，却行压迫之实的统治阶级奴仆，才使得如此众多的"变色龙"齐聚一堂。

三、现实意义的"变色"

《变色龙》作为一篇批判现实主义小说作品，讽刺、揭露的不仅仅是一个普通的、孤立的警察，更多是把矛头直指俄国腐朽社会和沙皇专制主义制度。当然，好的作品能够随着时代变迁，穿透岁月，体现恒久的文学价值，逐渐解读出越来越丰富的现实内涵。

那么，在封建制度已经离我们远去的时代，那么作为中学语文教材的保留篇目，《变色龙》还有哪些现实意义，值得我们挖掘、深思并传递给学生呢？

作品中，不仅奥楚蔑洛夫和首饰匠赫留金是"变色龙"，围观的

群众也具备"变色龙"的特质。如同鲁迅先生笔下的阿Q一样，受压迫者天生具有压迫别人的欲望。在文本小市民们的眼中，那些微不足道、充满低级趣味的生活琐事恰恰是他们心目中的大事。他们的行为，正是一种无聊看客的心理，用麻木不仁来形容毫不为过。契诃夫笔下表现出的这种典型的"小市民"心态，很是值得我们在日益浮躁的今天深入挖掘、深入思考、深入反思。

诚然，封建制度已离我们远去，可我们内心是否还有那种自私自利、趋炎附势的心态，是否仍在关注那些鄙俗空虚、无聊荒唐毫无意义的琐事？我们在认识奥楚蔑洛夫这些"变色龙"的同时，是否会联想到自己？读《变色龙》时，我们需要慎终追远，将目光收回到自己身上，回归文学关注人性的本真上来。不妨反思自己：你是不是有"变色龙"般的言行？自己在生活中有没有"小市民"那种心态存在？我们应当怎样做？

（插图：华南理工大学广州学院　彭足灵）

悲剧中的人性光辉

——读茨威格《伟大的悲剧》

潮州市金山实验学校 陈煜伟

人们都钟爱皆大欢喜的结局，而悲剧总是辜负太多观众的憧憬。不过倘若一味逃避痛苦，也就感受不到悲剧的光辉。文天祥慷慨就义，谭嗣同横刀向天笑，布鲁诺在烈火中陨落，这些悲剧对孩子而言，或者显得过于残酷，但人总是要长大的，诚实地面对失败和痛苦，是人生的必修课；从悲剧中发现人性之美，塑造理想人格，自然也是语文学科进行人文教育不可忽视的一环。

《伟大的悲剧》是奥地利作家斯蒂芬·茨威格的名作，尽管译文语言表达与原作有所差异，多少会影响读者对作者真实情感的理解有所不同，虽不同国家、宗教乃至种族的文化差异，让学生和文本之间产生了一定隔阂，但是人类的情感是相通的，作品中闪耀着的人性光辉，会激荡着所有读者的心灵。

对未知的探索，是人类进步最大的动力。如果知道此去可能将不复返，你仍然会义无反顾吗？"在荒无人迹的白色雪原上，在阴森森的一片寂寞之中，始终只有这么几个人在行走，他们的英雄气概不能不令人钦佩！"——这就是斯科特一行人的回答！"这里的自然界是冷酷无情的，千万年来积聚的力量能使它像精灵似的召唤来寒冷、冰冻、飞雪、风暴使用这一切足以毁灭人的法术来对付这五个鲁莽大胆的勇敢者"——在作者包含同情与钦佩的讲述中，任何一个读者都不难想象其中的艰难和痛苦。"在离死只有寸步之遥的时候，他还在继续进行着自己的科学观察"，为探索未知，甘冒奇险一往无前，这样的人性光辉难道还不足以令人肃然起敬？

梦想破碎的声音对于孩子而言是多么遥远，却在文章开头就让我们悚然心惊。"对人类来说，第一个到达者拥有一切，第二个到达者什么也不是。""历尽千辛万苦，无尽的痛苦烦恼，风餐露宿这一切究竟为了什么？还不是为了这些梦想，可现在这些梦想全完了。"极点还是那个极点，却被人捷

足先登，没有什么能比经历千辛万苦，生死一线之后还遭受如此打击更加令人绝望的了。此时再怎么坦然的人生态度都已经是徒劳的，斯科特一行却用他们默默拖着前行的脚步告诉我们，善始善终才是面对破碎的梦想最正确的方式。

"挪威国旗耀武扬威、扬扬得意地在这被人类冲破的堡垒上猎猎作响"，在失败者的面前，任何对手的东西都是显得那么刺眼，更何况是这样象征着成功者的一面旗帜。这群英国的绅士们面对失败已经非常的困难了，却还要用自己的失败为对手的胜利作证！"斯科特接受了这项任务，他要忠实地去履行这一最冷酷无情的职责：在世界面前为另一个人完成的业绩作证，而这一事业正是他自己所热烈追求的。"或许悲剧早已注定，但是心灵的高尚不是已经超越悲剧本身了吗？

死亡是最沉重的话题，是每个人必经的历程，但是应该如何面对生命的终结，这样的一个悲剧给了我们最好的答案——骄傲地等待死亡的来临，做一个有尊严的人。"奥茨突然站起身来，对朋友们说：我要到外边去走走，可能要多待一些时候。其余的人不禁战栗起来。谁都知道，在这种天气下到外面去走一圈意味着什么。但是谁也不敢说一句阻拦的话，也没有一个人敢伸出手去向他握别。他们大家只是怀着敬畏的心情感觉到：劳伦斯·奥茨——这个英国皇家禁卫军上尉正像一个英雄似的向死神走去。"其他人也一样，没有一个人在最后关头卑躬的屈膝，更没有乞求上帝或者对死神摇尾乞怜。任凭帐篷之外寒风呼啸，三个勇士静静等待着死亡的到来，死神只能带走他们的生命，却带不走他们的尊严，还有那骄傲的模样。人，可以被毁灭，却不能被打倒。

"一个人虽然在同不可战胜的厄运的搏斗中毁灭了自己，但他的心灵却因此变得无比高尚。所有这些在一切时代都是最伟大的悲剧。"人生的痛苦常常不期而至，但正如乌云遮不住太阳，在悲剧的迷雾中，人性的光辉更加彰显，穿越历史的河流，横跨文化的疆域，熠熠闪耀，动人心魄。

（插图：汕头市聿怀初级中学　严之艮）

种植幸福

——品读《植树的牧羊人》

汕尾市陆河县河城中学　彭云芝

法国作家让·乔诺的绘本小说《植树的牧羊人》，讲述了法国南部普罗旺斯地区牧羊人艾力泽·布菲花了三十多年时间，用一己之力把荒漠变成绿洲，给一万多人带来幸福生活的故事，主人公无私奉献、造福他人的精神鼓舞了很多人，具有震撼人心的力量。而他对生命，对幸福的理解，具有现实的意义，值得我们去好好思考。

艾力泽·布菲失去了独子和妻子，孤身一人，从山下的农场搬到海拔一千多米高的阿尔卑斯山地，在"到处是干旱的土地和杂草"的荒原上离群索居，与狗相伴，以牧羊（后来养蜂）为生。"心中若有桃花源，何处不是水云间"，简单生活，但又不是将就。和一般鳏居老人的邋遢不同，他把破旧的房子修整成结实的石房子，房间里收拾得很整齐，餐具洗得干干净净，地板没有一点儿灰尘，猎枪也上过了油，刚刚刮过胡子，"他的衣服扣子缝得结结实实，补丁的针脚也很细，几乎看不出来"，"炉子上，还煮着一锅热腾腾的汤"。看得出，这是一个积极生活，有温度的人，他给过路的旅行者喝他水壶里的水、锅里的热汤，带他在自己的小屋里留宿。

如果一个老人仅仅是积极和善良，那也不足为奇。这个"就像不毛之地上涌出的神秘泉水"的老人，沉默、平和、自信，让人好奇，让人更想了解他的故事。"没有树，就不会有生命"，这是老人对世界最朴素的认识，"既然没有重要的事情做，就动手种树吧"，并为此倾注了全部的热情。他不在意是谁的土地，可见他种树并不为获取财富。精心挑选种子，浸泡种子，用铁棍在地上戳一个坑，放上树种，盖上泥土，用最原始的方式一心一意地种树。没有先进技术的支持，没有专业知识的指导，"只有天知道这有多难"。"心之所向，素履以往"，不动摇不怀疑，靠着一个人的双手和毅力，坚持种树。三年

231

来，种下十万颗橡子树，大约只有一万棵树苗成活。十年后，他种下的树已然成片，蔚然成林，"曾经干旱无比的地方，看到了溪水"。"若有深情藏于心，岁月从不败英雄。"三十五年后，昔日的荒地变成沃土，废墟上重建起整齐的农舍，树林留住了雨水和雪水，农场边，树林里，流淌着源源不断的泉水，废弃的村子一点点重建起来。青春与活力，探索新生活的勇气，又重新回来了，人们沐浴着"飘着香气的微风"，享受着幸福、舒适的生活。这一切，都是老人种树带来的连锁反应，这是了不起的奇迹。

他种树的三十多年时间里，一战、二战的战火肆虐过欧洲大陆，法国也未能幸免。也许是植树的地方过于偏僻，战争并没有扰乱他的生活，他一直在种树，他的树也得以保全。远离战争，远离尘世的喧嚣，专注而极致地做自己想做的事情，平静地看着日子一天天地流走，也是一种"岁月静好，现世安稳"吧。

"世界上最珍贵和最深奥的学问，是一种在精神层面上理解和获取'人生幸福'的智慧和能力"，从这个角度看，他称得上是一个有智慧，深谙人生真谛的人，尽管他只是一个没有受过什么教育的普通农民。人到老年，孑然一身，何其不幸。然而植树化解了他的烦恼与不幸，他每天用充实的劳作让生命鲜活起来。植树，何尝不是在种植幸福？人类（战争）在毁灭，而他却在创造，成全自己，也是对他人的救赎，他做了一件功德无量的事情。在重焕生机的村子里，"源源不断的泉水""鲜嫩薄荷""健康的男男女女""孩子们的笑声"……这一切都使人想起一样东西——生命，"只要你们笑，大地的希望就有了"，这正是老人种树的初衷。他安静、忠厚、不张扬的个性，使他做的事情鲜为人知。也许，在植树的闲暇时光里，望着那一棵棵鲜嫩、挺拔的树木，听着那风穿过树林的响声，也一定会有"天空没有留下翅膀的痕迹，但我已经飞过"的欣慰与自豪，这也可以解释老人给人最初印象中的迷之"自信"了。

我们也要带着一颗自主自由的心，用一份恬淡平和的心情，过一份简单细致的生活，种植属于自己的幸福。

（插图：汕尾市陆河县河城中学　彭云芝）

求知是人类的本性

——品读《在沙漠中心》

汕头市聿怀初级中学　李瑞珊

　　《小王子》里，法国作家圣埃克絮佩里以童真的眼光审视了成人世界的贪婪、虚荣、权势等，世人皆为名利所累，而他追求的却是"本质的东西"，可以说，他是一位难得的精神贵族。他除了是一位作家之外，也是一位飞行员，在20世纪初，飞机还不是一种常见的交通工具，最初从事航空事业的人们是用生命探索开辟了一条条新航线。圣埃克絮佩里便是撒哈拉航线的一位飞行员，1935年，他的飞机在利比亚沙漠坠落。茫茫黄沙中，在采取了一系列自救措施失败后，濒临死亡的他在想些什么呢？死里逃生后的他在《在沙漠中心》记下了他对生命、生活的深刻思考。

　　在飞机刚坠毁时，他没有甘认失败，一步步行走在沙漠中。同事普雷沃总是提到"还有一只手枪"，而他只对其冷笑。干渴折磨着他，"我跑不动了，我再也没有力气了，我逃不出凶手的魔爪，我跪倒在地，脸埋在手心里，

屠刀就在我头上"！死神已经站在他的面前，恶劣的环境也已经让他产生幻影，他几次见到灯光、阿拉伯人，却不过是令其疯狂的海市蜃楼。为了取暖，他将自己埋在了沙里，这时的他，没有消沉，没有绝望，反而"感觉平静，一种超越了任何希望的平静"。他宽广的胸怀将这些肉体的痛苦融化，"有一股图像的激流把我带到一个宁静的梦里：在大海深处，江河就平静了。"他转向自己的内心深处，在精神世界里，将自己融入了生命永恒的大海中。

在这生命永恒的大海里，有其所向往的"本质的东西"，即为生命的真谛。他觉得自己死而无憾了，"如果人体不能忍受三天不喝水，那可绝不是我的错"。他已凭人类的智慧和毅力，竭尽所能，到达人类生命的极限，他已是一位与死亡搏斗过的勇士。他唯一挂念的是爱，是他所爱的人，但这是小爱，为了大爱，他已然舍弃了性命。"如果我能回去，我还会卷土重来。我需要生活。"他需要的"生活"，是民族、国家，是全人类的福祉，他在为了全人类开辟新航线，在为了全人类进行冒险探索，既挑起了人类拓荒自然的重担，也承担了人类求知的重任。亚里士多德说："求知是人类的本性。"人类发展的本质在于求知，求知就是为了了解我们热爱的世界，人类的好奇心促使人们不断推倒莽莽大山，开辟条条新航线，现在又渴望翱翔于穹宇中。圣埃克絮佩里便是为了实现这种渴望，在未知危险中探索的勇士，可以说他不像生活中某些碌碌无为之人，他生命的意义不在于重复，而在于"创造"！"我们接触的是风、星星、黑夜、沙漠和海洋。我们和大自然的力量斗智斗勇。"他在与大自然的搏斗中得出真知，这个真知便是人类的勇气、智慧和毅力在地球上留下的美丽痕迹。

在文中，圣埃克絮佩里也批判了"那些乘坐郊区火车的芸芸众生"，他们失去作为人的尊严，"因承受着某种他们感觉不到的压力而沦为像蚂蚁一样的虫豸"，当时欧洲资本主义和工业革命快速发展，逼仄的工厂渐渐把人们困在流水线上，日日重复单调的动作，不知道"当他们空闲的时候，他们用什么来填满他们那些荒唐而短促的礼拜日"，或者就选择"在晚上找一家音乐厅"，在肤浅的节奏中摇摆掉时光和生命，失去生活的意义。圣埃克絮佩里在《人类的大地》中诗意地长息："这一个生命与生命为邻，花与花在风中相迎，天鹅认识所有天鹅的世界上，唯有人类自甘寂寞"。人类建起城市，成为固封自己的藩篱，人类发明会计，成为金钱的奴隶；倒不如"通过飞机，离开城市和他们的会计师，可以重新找到农人的真谛"。真切地亲吻大地，走向未知，挥动手中的"锄头"，来获得生命的意义。

最终，圣埃克絮佩里以鲜血践行了生命的真谛。1944年，他去阿尔卑斯山上空执行空中侦察任务，结果没有返回，时年44岁。圣埃克絮佩里就是近现代的伊洛卡斯，就算双翼折毁，也要冲向民族、国家、全人类大义的太阳！其真为一位勇士，一位英雄！

作为一位语文教师，思及圣埃克絮佩里的英雄行迹，最为感动的就在于他的求知、探索精神。人只有拓宽视野，才能将技巧转为智慧，只有勇于求知探索，才能获得精神自由，而不仅是困在一方狭域，将一种技巧反复演练，沦为流水线上失去灵性的合格品，成为目光短浅、无知无聊的机器。愿我们能在圣埃克絮佩里的精神长河中掬一捧清泉，以滋养我们的心田，愿我们抖落身上的尘埃，还自己一颗原始的好奇心。但愿我们能还一片森林给孩子，还孩子在精神世界里自由飞翔的权利。

（插图：汕头市聿怀初级中学　许婷）

思为双飞燕——多维悟读篇

（插图：曾广琪老师美术工作室）

诗意的抗争

——品读《香菱学诗》之一

汕头市聿怀初级中学 李瑞珊

"根并荷花一茎香，平生遭际实堪伤。自从两地生孤木，致使香魂返故乡。"《红楼梦》第五回中，曹雪芹在金陵十二钗副册里为香菱注上如此判词，概述了这个孤苦女子的悲剧人生。"根并荷花一茎香"，香菱原名"甄英莲"，本为甄士隐的独女，出生在富贵风流之地姑苏，父亲为本地望族，品行严正清白，可谓是生于清贵人家的大家闺秀，然一朝祸起，四岁元宵节被拐，十三四岁被"呆霸王"薛蟠抢做妾，险些被正室毒死，最终因难产而死，一生悲舛。"致使香魂返故乡，"原本一朵"英莲"，陡生不幸，变作了无根的菱花，随命运逐流，最终零落。

可是，作为《红楼梦》中第一个登场的女子，曹雪芹对其还是倾注了关爱。书中安排薛蟠出外，香菱随着宝钗进住大观园，由此得了一个学诗的机会。课文中故事便从这里展开。在我看来，香菱学诗，既是曹雪芹为其书香世家出身而正名，也是香菱对其悲剧人生诗意的抗争。古希腊戏剧中有命运悲剧，所谓命运悲剧，就是主人公的自由意志与命运相抵抗，然而最终还是无法逃脱命运的罗网而被毁灭。虽然香菱终是香魂归兮，然而她的积极学诗，便是她对自己人生的一次自由选择，她是这混沌浊世的一缕清风，这是她对悲剧人生的无声抗争。

香菱，自入大观园前就是爱诗的。"怪道我常弄一本旧诗偷空儿看一两首，又有对的极工的，又有不对的，又听见说'一三五不论，二四六分明'。看古人的诗上亦有顺的，亦有二四六上错了的，所以天天疑惑。"在被薛蟠掠作丫头小妾后，她也没有放弃学诗，还在忙碌之余偷空读上几本诗作，对诗歌的韵律还做揣摩思考，可见香菱真真钟爱诗歌。不止香菱，黛玉、宝钗、探春、李纨等大观园的女子都读诗写诗，因为能学作诗，是一种福气，读诗作

诗，就如空音相色，是在这浊世求取玲珑意趣。这是他们在当时富贵末世中求得的一种自我拯救，让他们的精神能暂时离开这个卑污的世界。香菱便是想求得自身的优雅，在一方浊池中做一支亭亭玉立的莲。

香菱学诗，一进大观园，就先找宝钗教她写诗，宝钗婉拒后她又去找了黛玉，黛玉欣然答应，并给予了她指点。香菱一经黛玉提点："若是果有了奇句，连平仄虚实不对都使得的。"便顿悟："如今听你一说，原来这些格调规矩竟是末事，只要词句新奇为上。"可见香菱极富感悟能力，一点即通。之后黛玉教她先去读大家的诗作，黛玉问其："可领略了些滋味没有？"香菱笑吟吟的，答："领略了些滋味，不知可是不是，说与你听听。"态度大大方方，求教诚恳，敢把自己的思考说与他人讨论，更可见诚心聪慧，一派大家闺秀风范。

黛玉教她去读诗，光在肚子打个底，便画了王维、杜甫、李白共四五百首诗，还要加读陶渊明、应玚、谢、阮、庾、鲍等人的诗作，可香菱一点不畏难，欣然答应，回到蘅芜苑中，"诸事不顾，只向灯下一首一首的读起来。宝钗连催她数次睡觉，她也不睡。"真的是"苦心"学诗。之后让她去作诗，她前后作了三首。作诗时，"又苦思一回作两句诗，又舍不得杜诗，又读两首。如此茶饭无心，坐卧不定。"前两首被黛玉否决时，"越性连房也不入，只在池边树下，或坐在山石上出神，或蹲在地下抠土，来往的人都诧异。……只见她皱一回眉，又自己含笑一回。""因见她姊妹们说笑，便自己走至阶前竹下闲步，挖心搜胆，耳不旁听，目不别视。"用宝钗的话来说，香菱学诗可以说是"成呆、成疯、成魔、成仙"了，可真的是"苦志学诗，精血诚聚"，最终第三首赢得了大家的赞叹，从而补录入了海棠诗社。难怪宝玉要赞香菱是"地灵人杰，老天生人再不虚赋情性的"，如此苦心惨淡，是香菱对自己书香血液回归的不懈努力，更是香菱对这坎苦人生悲剧的诗意抗争。

"精华欲掩料应难，影自娟娟魄自寒。一片砧敲千里白，半轮鸡唱五更残。绿蓑江上秋闻笛，红袖楼头夜倚栏。博得嫦娥应自问，何缘不使永团圆？"这是香菱写的第三首诗，相比前两首，这一首香菱是写出了她自身的漂泊无依，最后一联是思念家乡亲友之情溢然而出，至时十几岁的人生已然饱尝人世悲苦，万千孤苦化作嫦娥的喃喃自问。前两首被黛玉否决的原因皆为写月而写月，但这一首，香菱却写出了灵魂。香菱写诗，其实凝华了对自己生命的思考，是在写自己，是对自身多舛命运诗意的抗争。这种抗争虽不像贝多芬命运交响曲的铮铮轩昂，也不似俄狄浦斯王自我刺目放逐的毅然决绝，却是一位弱质女子，对于悲舛命运的最好的无声的回击。

木心说"浪漫主义是一种福气"，有人说这也是一种信心。思及我们自身，我们中大多数也许不会有香菱如此悲苦的命运，但人生皆是有挫折的，我们何不学一下香菱，在遇到挫折时，选择诗意地抗争不幸，让我们的灵魂在人生的风雨中高蹈，保持着一份优雅，一份浪漫。

（插图：汕头市金园实验中学　颜璐）

学而不厌，诲人不倦

——品读《香菱学诗》之二

汕头市聿怀初级中学　李瑞珊

　　九年级上册《香菱学诗》这篇课文中，无疑，香菱是主人公，但文中另一个人物也闪耀着不可忽视的光彩，那就是黛玉。香菱三次作诗，最后"精血诚聚"，在梦中得了八句好诗，得到大家的赞叹，黛玉可以说是功不可没。有人说林妹妹娇弱多病、多愁善感、爱使小性子，可在这回书里，我却看到一位才华横溢、真诚助人的好老师。

　　香菱作诗入了迷，宝钗嗔怪黛玉道："可真是诗魔了。都是颦儿引的她！"黛玉道："圣人说，'诲人不倦'，她又来问我，我岂有不说之理。""诲人不倦"这句原出自《论语·述而》，子曰："默而识之，学而不厌，诲人不倦，何有于我哉。"我更喜欢《孟子·公孙丑上》里的这句："圣则吾不能，我学不厌而教不倦也。"我不能也不求成为圣人，但一生我"学不厌而教不倦"。黛玉便践行着这一信条。香菱先是找宝钗学诗，可是宝钗却秉着"女子无才便是德"的思想，又"拿定了主意，'不干己事不张口，一问摇头三不知（王熙凤评价宝钗）'"，婉拒了香菱，黛玉却欣然应诺，相比之下，黛玉更为真诚、可爱。

　　黛玉不仅乐教，而且善教。其善教，表现在以下三个方面：

一、学富五车，才华横溢

　　在大观园海棠诗社里，黛玉的才华可谓技压群芳，而这些才华都来自她平时的多学多思。香菱说自己喜欢的诗"重帘不卷留香久，古砚微凹聚墨多"，黛玉立即指出其误区："断不可学这样的诗。你们因不知诗，所以见了这浅近的就爱，一入了这个格局，再学不出来的。"又给香菱划了王维、杜甫、李白三大家四五百首诗，再列举陶渊明、应玚，谢、阮、庾、鲍等各名家，还以红圈做出标注，可见其平时如何多读诗、多思诗。都说老师教学生，要给学生一杯水，自己先要有一桶水，黛玉腹内文墨足，才能教出香菱这个好学生。作为一位语文教师，我从黛玉身上感受到了一位好老师所应有的品质。

二、善于鼓励

香菱初要学诗，来求教黛玉，黛玉说："什么难事，也值得去学！不过是起承转合，当中承转是两副对子，平声对仄声，虚的对实的，实的对虚的。"开口一两句，就化繁为简，讲清作诗的基本，将作诗这一难事说得极为简单而扼要。作为学生的香菱一点即通，又鼓励香菱"你又是一个极聪敏伶俐的人，不用一年的工夫，不愁不是诗翁了"，相比宝钗"你本来呆头呆脑的，再添上这个，越发弄成个呆子了"这句，黛玉可以说不断地在激发香菱学诗作诗的积极性，可谓是个善于鼓励引导的好老师了。

三、不愤不启，不悱不发

香菱作的前两首诗都没有得到黛玉的肯定，黛玉对其诗作的评点都极精炼，"意思却有，只是措辞不雅""这一首过于穿凿了"并鼓励她另作。之外就一概不理，任由香菱苦思冥想。孔子说："不愤不启，不悱不发。"作为老师，不到学生努力想弄明白而不得的程度不要去开导他；不到他心里明白却不能完善表达出来的程度不要去启发他。黛玉便是这样，把思考的过程完全留给香菱，有了香菱的苦思最后才成就了那八句好诗。再有香菱品"渡头余落日，墟里上孤烟"两句，黛玉翻出陶渊明的诗作，指出王维"上孤烟"也是套用了陶渊明的"依依墟里烟"。这是启发香菱举一反三，学会触类旁通。孔子也有言："举一隅不以三隅反，则不复也。"如果学生不能做到举一反三，那么便不要再多讲，应把思考学习这件事归还给学生。反思自己这两三年的教学，最初站上讲台时很不自信，总想直接把答案告诉学生，殊不知是剥夺了学生自主思考的过程，并没有提升学生独立思考解决问题的能力。现在才领悟到，不能用自己的思考取代学生的思考，最终能使学生受益的，还是学生自身的思考和琢磨，老师应该成为一位精明的启发者和引导者。不得不说，黛玉真的是一位好老师。

汕尾海丰红城中学 林思妍

读完这篇《香菱学诗》，我对黛玉的印象大为改观，黛玉确是一位乐教、善教的好老师。黛玉师古，成为香菱的好老师，我也来师黛玉，"学而不厌，诲人不倦"，希望自己有一天也能成为黛玉这般的好老师。

（插图：汕尾市海丰县红城中学　林思妍）

执着追梦者必熠熠生辉

汕头市潮阳区西胪镇海田学校　郑敏欣

　　初中节选自红楼梦的课文《香菱学诗》中香菱这一人物，于全篇小说来看是一个悲剧人物，更是逆来顺受、毫无抗争的顺从者。然而，这一特质无疑是社会本质造成的，在权贵就是一切的时代，底层奴仆早就被灌输了任由宰割的思想，连有抗争的念头可能都是罪恶的。所以，那样的时代，婢仆们几乎都是顺从者，都是认命地。所以，这一阶层的人总是收敛光芒，不敢有所求，不敢表现出个人的特性。

　　不过，香菱在学诗这一节，表现出了不一样的个性。在周围许多人看来，女子无才便是德，她一个丫头，是没有学诗必要的，尤其宝钗，更不愿意教香菱诗词文化，只要她做好一个奴婢的本分就好。在这种自家主子不肯教的情况下，香菱并没有放弃，转而求教于黛玉。从这里，我们除了可以看到香菱热爱诗词外，更能看到其不肯轻易服输，不愿轻易放弃的性格特征。按照她的温顺个性，应该十分听宝钗的话才对，但是，听话只是表现在生活中，一个奴婢应尽的本分，到了这等相对自由的个人爱好上，香菱就毫不让步，有自己的坚持。主子不愿意教我，我可以另求能者，一定要达到自己的目的。可见，此刻的香菱就是一个极具自我意识的人，她敢于追求自己的理想，且目标坚定。如果，此前你看到的是一个温顺可怜之封建社会侍婢，那么，学诗之心坚定的香菱，瞬间就变成一个有追求敢追的可爱可钦之人。在香菱的价值观里，社会本质也许是不可抵抗的，但是人性追求却是不可摧毁的，这就是香菱式的抗争，聪明如她，社会剥夺了我的自由，我可以用自己的方式活出风采，哪怕是悲剧，也要有自己的价值。较之其他婢仆，香菱这种敢于冲破偏见包围追求梦想的形象带给读者的震撼力无疑是更大的！留给读者的印象应该是更深刻且美好的。

　　在香菱领会运用黛玉所教知识的过程中，其对梦想的追求坚定不可动摇。先是认真研读，"香菱拿了诗，回至蘅芜苑中，诸事不顾，只向灯下一首

243

一首地读起来，宝钗连催她数次睡觉，她也不睡。"这学习劲头何其足，已经到了废寝的程度了。后又把心得讲给黛玉听，且能带着疑惑向黛玉问询请教。这都是用心至极的过程，才能有所领会和疑问。香菱的这种学习精神怎能不令人折服！我们不妨来领略一下当时她努力学习的情景："香菱听了，默默地回来，越性连房也不入，只在池边树下，或坐在山石上出神，或蹲在地上抠土""只见她皱一回眉，又自己含笑一回""便自己走至阶前竹下闲步，挖心搜胆，耳不旁听，目不别视。一时探春隔帘笑说道：'菱姑娘，你闲闲吧。'香菱怔怔答道：''闲'字是十五删的，你错了韵了。'"这是香菱学习之后，与黛玉论诗，黛玉"布置作业"环节，香菱作诗过程写得逼真传神，或坐或蹲，抠土，皱眉，出神等描写，突出其专注于诗作，眼不旁视，心无旁骛的状态。尤其探春让她闲一闲，她居然把这听成是诗的限韵，引得大家大笑，可见其专注入神，真有"走火入魔"之势！这时，一个侍婢在人们心中的地位自然不同起来，她身上多了一些灵性的光芒。以宝玉为例："我们成日叹说可惜他这么个人竟俗了，谁知到底有今日。可见天地至公。"从宝玉的评价不难看出，在他心中，未见香菱学诗时，香菱是俗人，学诗之后，把她列入和姐妹同列的位置，地位一下子飙升起来。大观园中的其他人等自然也对她刮目相看。可见，一个人，不论地位如何，只要他有梦想，并且敢于追逐自己的梦想，在努力拼搏的过程中，会把自己最美好的品质展示给别人，能把自己磨炼成闪闪发光的金子，绽放出无限的光芒。

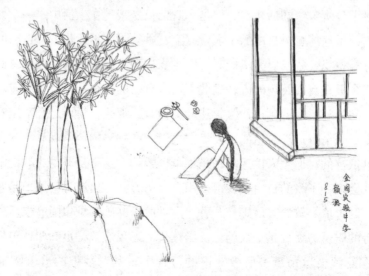

（插图：汕头市金园实验中学　颜璐）

244

金钱冲击下小市民的悲哀

——对《我的叔叔于勒》中菲利普夫妇的再评价

汕头市澄海东里第三中学　林佳玫

　　第一次读《我的叔叔于勒》时，我还是一个学生，读出的是菲利普夫妇的贪慕虚荣、不念亲情、冷酷无情，读出的是对菲利普夫妇的批判，似乎老师也是这么说的。如今，我也是一名老师，再读这篇文章，似乎又有了与之前不同的看法，莫泊桑写这篇文章是在批判？为了将更正确的文本解析与学生分享，我查阅了许多资料。在众多资料中，我看到了对"菲利普夫妇"不一样的评价。笔者认为，作者通过菲利普夫妇对其弟弟于勒态度的前后变化，形象地揭露了资本主义社会人与人之间赤裸裸的金钱关系，莫泊桑并未明确地表示对菲利普夫妇的批判，是我们后来的解读"冤枉"了菲利普夫妇。如今，再读《我的叔叔于勒》，在为数不多的细节描写中，我读出了菲利普夫妇的悲哀。

　　"我小时候，家在勒阿弗尔，并不是有钱的人家，也就是刚刚够生活罢了。我父亲做着事，很晚才从办公室回来，挣的钱不多。我有两个姐姐。我母亲对我们的拮据生活感到非常痛苦。那时家里样样都要节省，有人请吃饭是从来不敢答应的，以免回请；买日用品也是常常买减价的，买拍卖的底货……"文章一开篇就介绍了菲利普一家的生活状况——贫穷。《我的叔叔于勒》写于1883年，当时的法国、资产阶级不仅和工人阶级的矛盾日益尖锐激烈，而且也和小资产阶级的矛盾日益尖锐激烈起来。小资产阶级贫困破产已成为普遍的社会问题。作为生活在社会底层的"菲利普夫妇"，他们每天勤俭节约，也仅仅是勉强过日子而已。他们认真工作，省吃俭用，却无法改善生活，因此把希望寄托在可能改变他们生活情况的"于勒"身上，这似乎无可厚非。更何况，从文中来看，他们对于勒，并非冷酷无情。年轻时的于勒，"行为不正，糟蹋钱"。不仅"把自己应得的部分遗产吃得一干二净"，之后，"还大大占用了我父亲应得的那一部分"。当地的人们按照当时的惯例，把他送上从勒阿弗尔

到纽约的商船，打发他到美洲去"。这些描写恰恰表明了菲利普夫妇对于勒还是有亲情的，不然怎么可能被占用财产。

"我大姐那时28岁，二姐26岁。她们老找不着对象，这是全家都十分发愁的事。"为人父母，总是希望儿女们能够过上幸福安乐的生活。好不容易，二女儿找到了幸福，作为父母的"菲利普夫妇"肯定想方设法维护女儿的幸福，所以才会带一家人去哲尔赛岛去游玩。或许是希望女儿婚后在婆家能够受到重视和厚待。因此，当菲利普夫妇发现船上那个衣衫褴褛卖牡蛎的人竟然是于勒时，他们会惊慌失措、不敢相认，不是因为他们冷酷无情，而是害怕女婿发现，耽误了女儿的幸福。

假若他们与于勒相认了，他们的生活会发生什么样的变化？我想，于勒的回归怕是会成为菲利普一家的拖累吧。这也是菲利普想到的，所以才对于勒避而远之吧，这是当时社会中金钱冲击下小市民的悲哀。

也许放在道德层面上讲，菲利普夫妇是自私冷酷、唯利是图的。但他们只是普普通通的小市民，是普普通通的父母，对许多事情的处理有自己的考量和选择，我们不能仅仅以"是非"标准去衡量，站在道德制高点上去鄙视他们；而要清楚地认识到作者在刻画这些市井小人物的时候，其实是用悲悯的眼光去观察他们的生活，体察他们的内心。因为懂得，所以慈悲；因为怵惕，所以自省——或许这才是阅读这篇小说带给我们的思想意义。

（插图：汕尾市陆河县河南小学　彭小云）

246

可憎之人，亦可怜者

——读莫泊桑的《我的叔叔于勒》

潮州市潮安区金石镇林周全中学　陈丽霞

　　《我的叔叔于勒》中菲利普夫妇身上的每一个细胞都表现出金钱至上，特别是收到了"有钱人"于勒的两封信，信上说："我发了财就会回哈勒阿弗尔的。我希望为期不远，那时我们就可以一起快活地过日子了"，于是"每星期日，我们都要衣冠整齐地到海边栈桥上去散步"等待"全家唯一的希望"；于勒的信"成了我们家里的福音书，有机会就要拿出来念，见人就拿出来给他看"；"对于叔叔回国这桩十拿九稳的事，大家还拟定了上千种计划，甚至计划到要用这位叔叔的钱置一所别墅"这些细节无不体现了菲利普夫妇的爱慕虚荣、金钱至上，这确实令人觉得可憎、作呕。

　　"有钱千里盼相逢，无钱对面不认亲。"文中的菲利普夫妇就是这样的人，父亲的弟弟于勒叔叔，他"当初行为不正，糟蹋钱"，他"把自己应得的部分遗产吃得一干二净之后，还大大占用了'菲利普夫妇'应得的那一部分"，因此于勒成为菲利普"全家的恐惧"，于勒的嫂子更是视他为瘟神，辱骂他是个流氓、坏蛋，甚至不念及亲情按惯例把于勒打发到美洲，任其自生自灭。然而，于勒到了美洲之后，不久就写信回来告诉菲利普夫妇，说他赚了点钱并希望偿还他们的钱时，菲利普夫妇则日思夜盼，不绝于耳地称赞于勒，说于勒是"正直的人""有良心的人""有办法的人"。来到文章的高潮部分，在船上遇到了又老又脏，满脸皱纹的于勒时，菲利普吓到"脸色十分苍白"，他的妻子吓得直"哆嗦"，当变成有钱人的希望瞬间化为泡影时，菲利普夫妇一转身就变得更加冷酷，更加无情，甚至恨不得能气生丹田、肋生双翅逃之夭夭，骨肉亲情自此再不相认。恰似一副对联所述："昨日盼之今朝咒之心里岂念骨肉；富贵趋之贫贱避之目中唯有金钱。"

　　菲利普夫妇前后对于勒的态度简直就是判若两人，而其中在作祟的还是

赤裸裸的金钱至上观。然而"可怜之人必有可恨之处"，"可恨之人必有可悯之处"。菲利普夫妇的所作所为只是整个资本主义社会的一个小缩影，他们生活在社会的中下层，他们无力对抗整个社会，所以自私而本能地只能顾全自己，随波逐流。文中说到"我父亲做着事，很晚才从办公室回来，挣的钱不多。我有两个姐姐"，这点微薄的收入致使"我母亲对我们的拮据生活感到非常痛苦。那时家里样样都要节省，有人请吃饭时从来不敢答应的，以免回请；买日用品也是常常买减价的，买拍卖的底货；姐姐的长袍是自己做的，买十五个铜子一米的花边，常常要在价钱上计较半天"，因为不是很有钱，两个女儿的婚事也成了"全家都十分发愁的事"，也因为有了于勒叔叔的信，"终于有一个看中二姐的人上门来了。他是公务员，没什么钱，但是诚实可靠"，这样一个"诚实可靠"的人"之所以不再迟疑而下决心求婚，是因为有一天晚上我们给他看了于勒叔叔的信"，而"我们家赶忙答应了他的请求"，"赶忙"读来让人更觉可悲，因为不是很有钱，女儿的婚事不敢"矫情"，也只能"贫不择夫"；婚后在搭乘去哲尔赛岛游玩的船上，父亲被有钱人吃牡蛎的高贵吃法打动了，问"你们要不要我请你们吃牡蛎"，"母亲有点儿迟疑不决，她怕花钱"，于是说"我怕伤胃，你只给孩子们买几个好了，可别太多，吃多了要生病的"，"至于若瑟夫，他用不着吃这种东西，别把孩子惯坏了"。时时处处都在节省开支，委屈自己，即使在美食面前也不敢"放开"，如此"虐待"自己的人，读至此我不仅恨不起，内心还生出了怜悯意。所以在船上遇到年老落魄尚能自食其力的于勒时，菲利普夫妇要崩溃了，但是仍然压制着，原因就是"别叫咱们女婿起疑心"，这里就给我留下很多的思考：这种不相认除了对未来的绝望之外，是否还有别的顾虑呢？如果相认会不会有严重的漩涡效应呢？思前想后，似乎是没有别的选择。此地此时此刻相认，二女儿可能会被退婚，大女儿的婚事更是遥遥无期，甚至全家在勒阿弗尔又得继续过着抬不起头的日子，在这里我看到了一个母亲的护犊之心，她的言行是情有可原的，她的冷酷无情也是可以被理解的。菲利普本身是个踏实苦干的人，前文有讲到他每天早出晚归，再者课文也有提到，于勒"把自己应得的部分遗产吃得一干二净之后，还大大占用了我父亲应得的那一部分"，可见菲利普夫妇不是自始至终都是冷血的人，他们曾经也是很宽容于勒的，与于勒是截然相反的人，正是由于这样的踏实苦干，他们才更能体会到生活的艰辛，认识到自己能改善生活的希望过于渺茫，而于勒带给了他们一个"一起快活地过日子"的希望，并让这个希望变得不那么遥远，可是，于勒最后还是让希望再一次破灭了。作为局外人，我们对于于勒现在的凄苦、落魄，可以给予同情，可是菲利普他们是利益直接受损人，在情感上遭受了这么大的创伤之后，他们不能接受于勒，这种人道主义精神的缺少，是没有办法回避的，所以我认为，菲利普夫妇的行为在当时乃至现在都可以被理解，他们只是芸芸众生相而已，他们没办法改变整个社会的风气，像他们这样的小人物本身已经是社会的可怜虫，他们没办法改变自己的命运，他们也不敢给自己的命运加根"稻草"，最后，"回来的时候改乘圣玛洛船，以免再遇见他"，永远断绝了和于勒的骨肉关系。

读《我的叔叔于勒》，我们还是要客观地看待菲利普夫妇，把眼光放到他们的生存环境和社会环境里去看，也许我们就不会那么犀利地去批判他们的为人处世了，或许还会同情他们的"不幸"。

（插图：汕头市聿怀初级中学　严之艮）

两个喜剧动作，一种悲剧人生

——《阿长与〈山海经〉》中的动作描写

汕头市聿怀初级中学　黄春馥

鲁迅的《阿长与〈山海经〉》是一篇颇有意思的文章。他在文章里，一反惯有的辛辣、冷峻、深刻，以让人忍俊不禁的幽默，塑造了普通的劳动妇女——粗俗又善良的阿长形象。

阿长并不是一开始就被迅哥儿接纳的。横亘在他们之间的鸿沟，有杀死隐鼠的恩怨，有主仆的差别，也有文化的隔膜。这个不认得字的劳动妇女，怎么也得不到年幼少爷的欢心，鲁迅特别用两个动作来写阿长的"俗"。

第一个动作——竖手指头。"最讨厌的是常喜欢切切察察，向人们低声絮说些什么事，还竖起第二个手指，在空中上下摇动，或者点着对手或自己的鼻尖。"她喜欢传播小道消息，口水横飞，故作神秘，显示自己的无所不知和重要性。为了引起别人注意，还不惜竖起手指头，动态地指点鼻尖。这种大惊小怪、小题大做，成为阿长的商标之一。

她为什么这么热爱传播小道消息？她是中年的寡妇，是大家族里的"下人"。她连真实姓名都被人不客气地忘掉，她随时处于被淘汰边缘，随时会失去微薄的收入，被命运的狂风刮到饥寒的泥坑里，像很多无依无靠的女子一样悲惨死去。所以她必须想方设法巩固地位，保住随时会丢掉的饭碗。可是她没有别的长处，只能随时随地向主人报告小少爷的行踪和其他琐事，来显示她忠于职守，拉近跟别人的关系，让自己尽量不可代替。

"我的家里一有些小风波，不知怎的我总疑心和这'切切察察'有些关系。又不许我走动，拔一株草，翻一块石头，就说我顽皮，要告诉我的母亲去了。"她的"切切察察"应该也有对少爷的关心。虽然方式不当，她相信是为小主人好。从下文她煞费苦心为少爷买《山海经》来看，她对迅哥儿的感情其实比很多所谓的亲戚都要深得多。年幼无知的迅哥儿，是很难体会阿长的危机感和苦心的。

正如小孩子总喜欢用夸张的动作来证明自己存在一样，阿长这个充满喜剧性的动作，何尝不是她缺乏自信的表现，何尝不是她悲剧处境的写照。

另外，阿长的精神生活极端匮乏，她的日子里充满了枯燥的劳作和千篇一律的琐事，传播小道消息在她心里，既满足了虚荣心，填补了空虚感，又得到跟人分享的乐趣。"乐"也是她贫瘠生活的悲剧体现。

另一个动作是"一到夏天，睡觉时她又伸开两脚两手，在床中间摆成一个'大'字，挤得我没有余地翻身，久睡在一角的席子上，又已经烤得那么热。推她呢，不动；叫她呢，也不闻。"我曾用简笔画把阿长的睡相画在黑板上，引得学生哄堂大笑。她喜剧的睡相下，是没有文化束缚和劳累生活的写照。作为劳动者，他们整天为衣食担忧，哪里会理会什么"高雅"呢？高雅是小姐、太太的特权。卑微而没有文化的阿长，只知道睡觉是她忘却人间烦恼的解脱。清醒的时候，小心翼翼、瞻前顾后已经够累了，一睡也许就可以解千愁了吧？

细节是人物性格和命运最自然的流露，最真实的写照。鲁迅就是通过这两个典型动作，以乐写悲，生动地刻画了年幼的他对保姆的最初印象，从而让后面的逆转成为读者记忆中不可抹去的风景。而这两个动作，也把暗含的妇女的悲剧处境写得含蓄动人。

（插图：汕头市汇翠小学　倪诗羽）

善良的土壤，孕绿凝芳

——课文《阿长与〈山海经〉》的解读

汕头市金禧中学天竺校区　黄澄纯

在回忆性散文集《朝花夕拾》中，鲁迅没有提及自己的母亲，却有三篇文章说到保姆阿长，可见阿长在其童年的生活中有着重要的地位。

阿长是个有一定生活阅历的贫苦妇女，她给迅哥儿讲的规矩其实包含了民间文化和美德：正月初一一早要说"恭喜"和吃福橘，这是寓意文化；人死了不该说死掉，必须说"老掉了"是忌讳文化；饭粒落到地上，必须捡起来，最好吃下去，这是珍惜粮食的传统美德。这些规矩于小孩看是麻烦之至，但其中何尝不是包含着阿长对孩子善意的期待。

长妈妈讲故事的本领很高。《从百草园到三味书屋》一文中，长妈妈讲的美女蛇的故事让迅哥儿辗转反侧，心有余悸；《二十四孝图》里说"便是不识字的人，例如阿长，也只要一看图画便能够滔滔地讲出这一段的事迹。"在《阿长与〈山海经〉》中阿长讲故事时声情并茂，很吸引人，甚至颇有震慑力。让迅哥儿对她产生了敬意。故事不仅增添了迅哥儿生活的乐趣，也启蒙了他的文学天赋。

儿时的鲁迅称阿长为"阿妈"，但当他知道了是阿长谋害了他心爱的隐鼠时，便毫不客气地直呼"阿长"，还要为隐鼠复仇。可阿长却毫不计较，尽管迅哥儿看不起她，问遍了别人《山海经》，却"向来没有和她说过"，轻视她并非学者，说了也无益，但阿长还是热心地询问，而后利用告假回家的四五天，给"我"买来了《山海经》。"一见面，就将一包书递给我，高兴地说道：'哥儿，有画儿的"三哼经"，我给你买来了！'"显得迫不及待，满心欢喜，好像自己完成了一件重要的事情一般。"别人不肯做，或不能做的事，她却能够做成功。她确有伟大的神力。"别人不会重视孩子的心愿，就连那个和蔼的老人远房的叔祖也是"疏懒"的，但不识字的阿长，在把书名说成"三哼经"的情况下，不知要打听多少地方，跑多远的路才能把《山海经》买回来，阿长的善良让她只知道想方设法去满足孩子的渴慕，丝毫不计较"我"先前的轻慢态度，她利用告假回家的休息时间为"我"买书，之前没有告知谁，连小主人也不告知，也许是怕买不到又平添了孩子的苦恼吧。可见善良的阿长是真心实意地为孩子着想，所以买书是自掏腰包，也是毋庸置疑的。

迅哥儿得到梦寐以求的《山海经》后，着实被文学吸引了。文章写到，"此后我就更其搜集绘图的书，于是有了石印的《尔雅音图》和《毛诗品物图考》，又有了《点石斋丛画》和《诗画舫》。""此后""更其搜集"说明了自从得到阿长买的绘图《山海经》后，便激发了作者想方设法四处搜寻、收集书籍的愿望，这些书籍，绝对是书塾里先生教的和《五猖会》中父亲要求背诵的令孩子一字也不懂《鉴略》等之外的读物，可以说，阿长买给鲁迅的《山海经》犹如一把钥匙，帮鲁迅打开了文学大门。

至此，"善良"已掩盖了阿长所有的缺点：饶舌多事、不拘小节、有许多繁文缛节、粗俗无知，作者欲扬先抑的手法也是让人拍案叫绝。

读完此文，我对阿长睡觉摆大字，将长毛、土匪、义和拳以及各种江湖传闻及迷信思想杂糅着讲的故事及其愚昧无知只是一笑置之，而对将一年的顺利寄托在新年的第一句祝语上的阿长心生怜爱，脑海里浮现的是那个黄胖而矮，穿着新的蓝布衫，高兴地将"三哼经"递给鲁迅的画面以及灯光下，鲁迅穿着长衫，坐在绿色灯光下写文章的背影。

阿长，鲁迅儿时的保姆，这个原本名不见经传的小人物，用她的善良孕育了中国文学史上的一朵奇葩，她的"名字"，也随同鲁迅的作品留在人们的脑海里。

在现时教育机制下，作为老师与家长，阿长身上有值得我们借鉴的教育孩子的方法：满足孩子的渴望，因势利导，让他们在做自己喜欢的事情中去发挥潜能，享受努力的成果。

（插图：汕头市聿怀初级中学　许秋妍）

理性扬善，愈显人性之美

——读杨绛的《老王》

海丰县海城镇第三中学　郑鸿涛

　　善良，是一个人最基本、最重要的品质。正所谓"善是理性之光"，真正的善良闪耀着理性的光芒。一个理性扬善的人，对善良不仅有着理性的认识和深刻的思考，还能将其付诸实际行动之中。杨绛先生就是一个理性扬善的人。她一生与人为善，自然她笔下塑造的人物也有着善良的品性。比如她写的《老王》，就具有理性扬善的光芒。

　　杨绛的理性扬善，首先体现在刻画人物形象的文字表现力上。细读《老王》，作者先以朴实却不乏起伏的笔调交代了老王的可怜身世：有职业，却是蹬三轮的"单干户"，"靠着活命的只是一辆破旧的三轮车"；"有个哥哥"，却"死了"；"有两个侄儿"却"没出息"；老王的眼睛也不好，一只是瞎的，一只有眼病……生活有起伏，但却是一个又一个的"重灾"！尽管老王的生活处境如此艰难，但他依然心地善良。比如，老王给我家送冰，"车费减半"，送冰量"比他前任送的大一倍"；还有"送钱先生看病，不要钱"，"拿了钱还不大放心"等，有力地表现了老王善良、老实的一面。这说明老王虽然一只眼瞎了，但心却一点儿也不瞎。落笔至此，老王的"苦"与"善"已深入人心，足以扬善。但作者却并未停止对人物形象的刻画。"开门看见老王直僵僵地镶嵌在门框里"的"镶嵌"一词，不无夸张地写出了老王临终前的病态给人的突兀感，但这何尝不是老王悲苦至极的真实写照呢？读文至此，如此震撼人心的刻画，怎能不令人对老王由衷产生强烈的同情心呢？

　　不因同情而美化，这是一种更加动人的理性扬善！

　　杨绛的理性扬善，还表现在对自我的剖析上。《老王》的结尾处写着"我渐渐明白：那是一个幸运的人对一个不幸者的愧怍"。为什么"愧怍"呢？有人说"我"愧怍的原因是老王送来香油和鸡蛋时，"我"拿钱给他，

254

没有给予应有的尊重。其实，从作者写老王送的鸡蛋让"我记不清是十个还是二十个，因为在我记忆里多得数不完"这句话中就可以看出：老王给了"我"无尽的感动！"我"之所以拿钱给老王，是感动中的一种礼尚往来。老王的处境也确实需要经济帮助，他最终接受"我"给他的钱，知道"我"并没有侮辱他的意思，只是不想拒绝"我"的好意罢了。况且作者也说："因为吃了他的香油和鸡蛋？因为他来表示感谢，我却拿钱去侮辱他？都不是。"接着笔锋一转，"但不知为什么，每想起老王，总觉得心上不安"，这其实是"我"在

进行更为深刻的自我剖析。从文中的细节中可以知道，"我"和家人对老王一直都是善良以待，之所以"总觉得心上不安"，完全是作者崇高的道德感让自己觉得对老王还不够好，以致愧怍不已！由此，自然而然地把对老王的"愧怍"升华为一种社会责任：社会上的"幸运者"有责任、有义务去关爱不幸者。

　　以关爱他人为己任，这是一种更高境界的理性扬善。理性扬善，愈显人性之美！

（插图：汕头市珠厦学校　周毅）

念此私自愧，尽日不能忘

——读杨绛的《老王》

汕头市聿怀初级中学　黄春馥

　　杨绛先生的《老王》是一篇为平凡小人物立传的文章。写自己一家跟孤苦无依、身有残疾的老王交往的过程。文章写到老王死后，自己"总觉得心上不安"。"几年过去，我渐渐明白：那是一个幸运的人对一个不幸者的愧怍。"

　　写弱者的文章我见得不少，有在同情中透出隐隐的优越感的，有赞美对方同时表示效仿之心的，但像杨绛这样带着愧怍的少之又少。"愧怍"两字，耐人寻味，就像白纸上鲜红的印章，清晰强烈，让我久久思索。

　　课文对之的解读是：社会上的幸运者有责任关爱不幸者，帮助他们改变处境。作者觉得对老王的关心还不够，感到"愧疚"。

　　其实杨绛一家对老王已经尽力给予了相应的照顾。既照顾了老王的自尊，又急其所难。如送鱼肝油治他的夜盲症，买他的冰，在他临终送鸡蛋香油时还送钱给他。从非亲非故的角度上看，他们对老王已经够无微不至了。

　　可是，老王逝世的时候，她感觉到的不是释然，而是"愧疚"。有人说，这是出于人性。实际上，这种反省已经超越了一般的人性。因为人但求尽到自己的本分，对"无可奈何"的事情往往选择逃避。只有具备悲悯深广般情怀的人，才会不断地追问自己，直面自己的良心。这种可贵的品质，正是出于知识分子特有的责任感跟使命感。

　　越是深刻地读懂芸芸众生沉浮挣扎下的艰辛和无奈，越是明白在琐屑抗争里的悲楚心酸，就越强烈地感同身受，就越深入骨髓地体验到那种无奈。想为他们做点什么，却永远感到做得不够。老王正是作者这种持久的心理痛楚在特定时空下的投注对象。

　　早年读金庸的《倚天屠龙记》，里面明教教众的一句歌给我留下的印象颇深：怜我世人，忧患实多。怜我世人，忧患实多。

杨绛先生总能看到更加不幸的人，而感觉到自己的幸运，悲悯别人时忘记了个人的得失。因此她平静地把命运送给她的苦酒倒进了慈悲的大湖里。把个人一点光芒镶进了无比广袤的夜空中。所以她轻视个人名利，跟谁也不争，却把大笔的稿费用来行善。她认为自己所得已经很多，捐出的只是多余的。

"愧怍"淡淡的两个字中包含的高贵情怀实在值得我们很多人不断思考且为之深深汗颜。

无独有偶，白居易《观刈麦》中说道："今我何功德，曾不事农桑。吏禄三百石，岁晏有余粮，念此私自愧，尽日不能忘。"作为父母官，他想到的不是自己泽被苍生的功劳，而是民众在烈日下的汗水跟痛苦，他在这些营营役役的劳动者面前感到赧然。而平易近人和倾听民间疾苦正是他诗歌的最大特色，也铸定了他在文学史上的重要地位。

一个作家，只有把自己的文字跟外面最底层的民众接轨，感受他们的脉动和在生活的沟壑里艰难挣扎的辛酸，才能写出有生命力和感染力的作品，才跟在时空的迁移里辐射得更加深远。

杨绛的散文，冲淡平和，娓娓道来，甚至带着令人忍俊不禁的幽默。特别是《我们仨》，宛然就是一个旁若无人的桃花源。细读她的文字，就知道她始终带着很细腻的知足心，很强烈的同情心感受生活。看似不近人间烟火，其实字里行间都是烟火气。这也是她的作品之所以广受欢迎的原因。

她的"愧怍"既揭示了高贵的人性关怀，也标示了一个作家的创作良心。做人做事多看看《老王》，都不自觉地会"念此私自愧，尽日不能忘"。

（插图：汕头市金砂小学 李佳琳）

平而后清，清而后明

——我读杨绛先生的《老王》

汕头市聿怀初级中学　蔡尉洁

　　"我常坐老王的三轮。他蹬，我坐，一路上我们说着闲话。"杨绛先生的散文《老王》的开篇，就是这么一句极具画面感的话语。一位才识渊博的学者，一个靠破旧三轮车活命的老人，因车结缘，以平等的姿态闲话家常。"没什么亲人"的孤苦伶仃、"失群落伍"的感叹、因夜盲症被撞得半面肿胀的凄惶……老王将自己艰难人生中点点滴滴的苦楚，毫无保留地向作者倾吐。在他们"他蹬，我坐"的相处模式中，看不到"居高临下"的歧视，也不存在贫富悬殊的对立，有的是信任的诉说和关切的聆听。

　　文中提到老王瞎掉的那只"田螺眼"，"有人说，这老光棍大约年轻时不老实，害了什么恶病，瞎掉了一只眼。"作者却说："他也许是从小营养不良而瞎了一眼，也许是得了恶病，反正同是不幸，而后者该是更深的不幸。"前者是幸灾乐祸的道德评判，后者是设身处地的感同身受，两相对照，高下立判。人世间的戏剧需要形形色色的角色，喜欢指手画脚肆意评判他人的，无非入戏太深，自恃是命运的宠儿而滋生莫名的优越感。在作者一家遭遇困境时，老王照样认准她是好人，帮她"送钱先生看病，不要钱"，在作者坚持下"拿了钱却还不大放心"。这份在人生困境中守望相助的淳朴情谊，不就是平等相待，互相尊重，以善良体察善良的收获吗？

　　这份情谊说来寻常，就是两个相互平等的生命在人生道路上的一段温情的交集，却又十分独特，超出了世俗的眼光所能理解的范畴，以致当作者道出自己心中的"愧怍"时，读者纷纷强作解人，却总是不得要领。

　　在作者与老王的交往中，频繁出现"给钱"的场景，有些论者据此认为作者在文末表达的"愧怍"是因为自己一直充当给予者，不接受老王的无偿援助，甚至用给钱的方式让老王的临终表达感情的愿望落空，不得不说这是一种误读。作者很明确地说道："我……一再追忆老王和我对答的话，琢磨他是否知道我领受他的谢意。我想他是知道的。但不知为什么，每想起老王，总觉得心上不安。因为吃了他的香油和鸡蛋？因为他来表示感谢，我却拿钱去侮辱他？都不是。"用作者直接否定的答案去诠释她的"愧怍"，岂不谬哉！老王临终前送来的"好香油"和"大鸡蛋"是心意的传达，作者回赠钱款何尝不是感激的表示？老王并未误读这份善意，所以即便已经不再需要，为了让作者安心，他收下了这份回礼。读者如果抛开对"钱"的偏见，也不难发现，作者从不认为自己是单向的给予者，更不曾在老王面前"自命清高、不解人意"。在情谊的天平上，双方的"施"与"受"始终是对等的，根本就分不清孰轻孰重。

其实《老王》一文的结语是做过修改的，原文是"我渐渐明白：那是一个多吃多占的人对一个不幸者的愧怍。"用"多吃多占"来诠释这里说的"幸运"可能更接近作者的本意。史铁生在他的随笔《角色》中描述产科婴儿室里裹在白色的襁褓里的一排婴儿，想象他们的未来，道出一个令人沮丧的真相：他们不可能每个人都有幸福的前程，不可能都一直交好运，人间需要什么角色，他们也就可能是什么角色。——相较于没有学识智慧，

没有亲人相依，没有健全体魄，未能在人生的舞台上占据优势的老王，作者觉得自己是幸运地抽到了好签，扮演了能够"多吃多占"的角色。在为自己庆幸的同时，于内心深藏"愧怍"。心存愧怍，才能平等待人，平和处世，在苦难中澄清心境，明悟人生。

读杨绛先生的《老王》，品静水深流的"愧怍"，平而后清，清而后明。

（插图：汕尾市海丰县第三中学 林效任）

后 记

　　"每一个学习国文的人应该认清楚：得到阅读和写作的知识，从而养成阅读和写作的习惯，就是学习国文的目标。"叶圣陶这句话，正说明了语文教师的专业成长之路，其实也就是探索如何有效引领学生学习"读"和"写"的道路。

　　语文教学中，作文教学是公认的难点。很多时候，我们的作文教学与阅读教学各自为政，老师们孜孜不倦地对自己的学生讲授大堆的写作技巧，他们费尽心机，口干舌燥，却因为这些技巧点、能力点过于碎片化且脱离学生的学习实际，效果不尽如人意。因此，汕头市金平区首届初中语文工作室（2014—2017年）在创办之初，就把"探究作文教学的训练序列，提高作文教学有效率"作为研究目标，力求摆脱作文教学的窘境，创造出柳暗花明的气象来。为此，老师们精心提炼初中语文教材中适合学生学习模仿的写作技法，并结合单元教学目标，分析学生写作中存在的普遍问题；挑选出学生写作的典型例文，做系列化的"以读导写"作文教学设计用于课堂指导；再透过学生的写作情况检阅指导效果，根据教学实践对之进行调整。经过三年的研究、实践和探讨，形成"写作微课堂"系列文章。"写作微课堂"以课文为学习模仿对象，以习作为剖析提升案例，从作文选材、立意、构思、语言等不同角度讲解常用的写作技法。力求贴近初中写作教学实际，提供解决问题的具体可操作的方法。不但能够为老师备课提供参考，也给学生升格作文提供了指导。

　　在探索作文教学之路的过程中，我们深感教师自身阅读写作能力亟须提高，尤其是对文本进行解读的能力明显不足。正如黄厚江老师所指出的："阅读教学中很多问题的出现，都与教师对文本缺少深入地解读有着紧密的关联；而许多成功的阅读教学，都是以教师对文本深入、独到地解读为基础的。因此，有必要对语文教师备课中的文本解读进行理性的思考和探讨。"无论是想要从课文中挖掘写作技巧点，还是要剖析学生习作指导升格，教师都必须借助个性化的解读方式，获得对文本独特的理解，才能为有效的阅读写作教学提供可能。于是从2016年开始，借助于刚刚成立的"广东省蔡尉洁名师工作室"这一平台，我们发动学校、金平区乃至省级工作室跟岗学员开展课文文本个性解读活动，鼓励老师们透视自身的读写实践、改造经验、提升教学智慧。老师们自由选择自己有兴趣、有感悟的课文，"以读者的视角进行阅读而不是以教师的视角进行阅读"。本书收录的，就是老师们在活动中撰写的系列文章。

《读写探道》是广东省蔡尉洁名师工作室、汕头市金平区初中语文学科工作室、汕头市聿怀初级中学语文教研组教师团队在专业成长道路上留下的足印。阅读和写作，我们和学生一路同行，共同成长！

编　者

2018年10月